Urania

Herausgeber: Dr. Vasant Joshi, PhD, Kamaal, Sarito, Yoga Pratap Bharati
Design: Amiyo, Harito
Produktion: Harito
Fotos©: Raghu Rai, Titelseite
Raghu Rai, Seiten 5, 112, 164 & 165
www.dinodia.com, Seiten 24, 63, 177, 183
Indra Sabha/www.dinodia.com, S. 23
Haridvar/www.dinodia.com, Seiten 52 & 53
Carlos Navajas/Image Bank International, 2001, S. 101
Harald Sund/Image Bank International, 2001, S. 109
Osho International Foundation, übrige Fotos
Lithografie: Unique Photo Offset Services, Mumbai

Sämtliche Texte sind veröffentlichten Vorträgen Oshos entnommen.

Übersetzt aus dem Englischen von Jürgen Wahlen

1. Auflage 2001
ISBN 3-908653-18-5

Einband: Gerd Aumann, Kreativ Design, Wiesbaden, unter Verwendung einer Illustration aus dem Innenteil
Satz: Hissek Satz & Litho, Konstanz
Druck und Bindung in Italien

OSHO

Mein geliebtes Indien

Fragmente einer goldenen Vergangenheit

OSHO
Mein geliebtes
Indien

INHALT

Einführung

Indien ist nicht nur Geografie oder Geschichte... Es vibriert mit bestimmten Energiefeldern, die kein anderes Land für sich in Anspruch nehmen kann.

EINFÜHRUNG

Indien ist nicht bloß Geografie oder Geschichte. Es ist nicht nur eine Nation, nicht einfach nur ein Stück Land. Indien ist mehr als das. Es ist eine Metapher, es ist Poesie, dem Blick verborgen und dennoch höchst greifbar. Indien vibriert mit bestimmten Energiefeldern, die kein anderes Land für sich in Anspruch nehmen kann...

Seit fast zehntausend Jahren sind Tausende von Menschen zur höchsten Blüte des Bewusstseins gelangt. Ihre Schwingung ist noch immer lebendig, ihre Wirkung liegt überall in der Luft. Man braucht nur ein gewisses Wahrnehmungsvermögen, eine bestimmte Fähigkeit, das Unsichtbare zu empfangen, welches dieses seltsame Land umgibt.

Es ist ein merkwürdiges Land, denn es hat sich einem einzigen Ziel verschrieben, der Suche nach der Wahrheit. Dennoch – und das mag euch verwundern – hat es keine großen Philosophen hervorgebracht, keinen Plato, keinen Aristoteles, keinen Thomas von Aquin, keinen Kant, keinen Hegel, keinen Bradley, keinen Bertrand Russell. Die ganze Geschichte Indiens hat keinen einzigen Philosophen von Rang vorzuweisen, und doch hat man nach der Wahrheit gesucht.

Natürlich sah diese Suche dort anders aus. In anderen Ländern dachten die Menschen über die Wahrheit nach, in Indien jedoch wurde nicht darüber nachgedacht. Was bringt es schon, über die Wahrheit nachzudenken? Entweder man kennt sie oder man kennt sie nicht! Denken führt zu nichts, Philosophie führt zu nichts. Sie ist ein völlig absurdes und sinnloses Unterfangen, als ob ein Blinder über das Licht nachdenken würde. Was kann er da schon herausfinden? Er mag ein Genie sein, er mag ein großer Logiker sei, doch was hilft ihm das? Man braucht weder Logik noch Genialität – man braucht Augen zum Sehen.

Licht kann man sehen, aber nicht denken. Wahrheit kann man sehen, aber nicht denken. Daher findet sich in Indien kein entsprechender Begriff für Philosophie. Wir nennen die Suche nach Wahrheit Darshan. Darshan bedeutet «Sehen».

Philosophie bedeutet Denken, und Denken ist

kreisförmig. Es dreht sich beständig um etwas und erreicht nie den Punkt der Erfahrung. Seltsamerweise ist Indien das einzige Land der Welt, das sein Talent voll und ganz darauf ausgerichtet hat, die Wahrheit zu sehen und die Wahrheit zu sein.

In der gesamten Geschichte Indiens findet sich kein einziger großer Wissenschaftler. Nicht dass da keine talentierten Leute gewesen wären, nicht dass es an Genies gefehlt hätte! Die Mathematik wurde in Indien begründet, doch Indien brachte keinen Albert Einstein hervor. Auf wundersame Weise war das ganze Land nicht an irgendwelcher objektiven Forschung interessiert. Hier war das Ziel nicht, das andere zu kennen, sondern sich selbst zu erkennen.

Zehntausend Jahre haben sich Millionen von Menschen beharrlich einem einzigen Bemühen verschrieben und alles andere – Wissenschaft, technische Entwicklung, Wohlstand – dafür geopfert. Sie haben sich mit Armut, Krankheit, Gebrechen und Tod abgefunden, ohne die Suche je aufzugeben, um keinen Preis... Das hat eine gewisse Noosphäre erzeugt, einen Ozean von Vibrationen, der euch umgibt.

Wenn ihr mit einer meditativen Gesinnung hierherkommt, werdet ihr damit in Berührung geraten. Wenn ihr bloß als Tourist herkommt, verpasst ihr es. Dann seht ihr euch die Ruinen an, die Paläste, den Tadsch Mahal, die Tempel, Khajuraho, den Himalaja, doch ihr seht nicht Indien. Ihr werdet Indien durchstreift haben, ohne ihm begegnet zu sein. Es war überall, doch ihr wart nicht feinfühlig, ihr wart nicht empfänglich. Ihr seid hergekommen, um etwas zu besichtigen, was nicht wirklich Indien ist, nicht seine Seele, sondern nur sein Skelett. Und ihr werdet Aufnahmen von seinem Skelett machen und Fotoalben von seinem Skelett anlegen und denken, ihr wärt in Indien gewesen und würdet Indien kennen, aber da täuscht ihr euch gewaltig. Es gibt einen spirituellen Teil, den eure Kameras nicht fotografieren können, den eure Ausbildung, euer Fachwissen nicht einfangen kann.

Ihr könnt irgendein Land aufsuchen und durchaus in der Lage sein, seinen Menschen zu begegnen, dem Land, seiner Geschichte, seiner Vergangenheit – in Deutschland, in Italien, in Frankreich, in England. Was jedoch Indien angeht, funktioniert das nicht. Wenn ihr versucht, Indien anderen Ländern gleichzusetzen, habt ihr das Wesentliche nicht begriffen, denn ihnen fehlt diese spirituelle Aura. Sie haben keinen Gautama Buddha hervorgebracht, keinen Mahavira, Neminatha oder Adinatha, keinen

Kabir, Farid, Dadu. Sie haben Wissenschaftler hervorgebracht, sie haben Künstler hervorgebracht, Maler, vielerlei talentierte Leute. Der Mystiker jedoch ist Indiens Monopol. Wenigstens bis heute war das so.

Und der Mystiker ist ein völlig andersartiges menschliches Wesen. Er ist nicht einfach ein Genie, nicht einfach ein großer Maler oder ein großer Dichter. Er ist ein Gefährt des Göttlichen, eine Provokation, eine Einladung für das Göttliche. Er öffnet das Tor, damit das Göttliche eintreten kann. Seit Jahrtausenden haben Millionen von Menschen dem Göttlichen das Tor geöffnet, damit es die Atmosphäre dieses Landes bereichere. Für mich ist diese Atmosphäre das wahre Indien. Um es aber zu erkennen, müsst ihr in einem bestimmten Geisteszustand sein.

Wenn ihr meditiert und versucht, still zu werden, erlaubt ihr dem wirklichen Indien, mit euch in Kontakt zu treten. Ihr könnt in diesem armen Land die Wahrheit auf eine Weise finden wie nirgendwo sonst. Es ist mausearm, und doch besitzt es ein so reiches spirituelles Erbe, dass ihr überrascht sein werdet, wenn ihr eure Augen öffnet und dieses Erbe erblickt. Indien ist vielleicht das einzige Land, das sich derart gründlich mit der Evolution des Bewusstseins und mit nichts anderem sonst befasst hat. Jedes andere Land hat sich mit tausend anderen Dingen befasst. Dieses Land jedoch hatte nur eines im Sinn, nur ein einziges Ziel: Wie sich das menschliche Bewusstsein bis zu dem Punkt entwickeln lässt, wo es dem Göttlichen begegnet; wie das Menschliche dem Göttlichen näher gebracht werden kann.

Das betrifft nicht nur Einzelne, das betrifft Millionen von Menschen. Und es ist keine Frage von Tagen, Monaten oder Jahren, sondern von Jahrtausenden. Natürlich hat das ein gewaltiges Energiefeld rund um das Land erzeugt. Es ist überall zu finden, ihr müsst nur bereit sein und euch dafür öffnen.

Der allumfassende Traum

Es war der Traum

aller Buddhas, euch

an das zu erinnern,

was vergessen ging;

das zu erwecken,

was in euch

schläft.

Kannst du uns etwas über diesen Traum erzählen? Jenen Traum, an dessen Verwirklichung du die letzten fünfundzwanzig oder dreißig Jahre unermüdlich und ohne Rücksicht auf Hindernisse und Hemmnisse gearbeitet hast?

Der Traum ist universal, er ist nicht mein eigener Traum. Er währt schon seit Jahrhunderten – man kann sogar sagen, seit ewig. Die Erde begann diesen Traum schon beim Erwachen der allerersten Strahlen menschlichen Bewusstseins wahrzunehmen. So viele Blumen sind in den Kranz dieses Traumes geflochten! So viele Gautama Buddhas, Mahaviras, Kabirs und Nanaks haben diesem Traum ihr Leben geopfert! Wie könnte ich diesen Traum mein eigen nennen? Es ist der Traum des Menschen selbst, seines eigenen inneren Wesens.

Wir haben diesem Traum einen Namen gegeben: Wir nennen diesen Traum Indien. Indien ist eine Sehnsucht, ein Dürsten nach Wahrheit – nach der Wahrheit, die jedem Herzschlag von uns innewohnt, der Wahrheit, die hinter der Schicht unseres Bewusstseins schläft, der Wahrheit, die uns eigen ist, aber vergessen ging. Sie in Erinnerung zu rufen, sie zurückzufordern – das ist Indien. Amritasya putrah, «Oh, ihr Söhne des Unsterblichen!» – nur wer diesen Ruf vernommen hat, ist ein wahrer Bürger Indiens. Niemand anderer wird Bürger Indiens. Ihr könnt irgendwo auf der Welt geboren sein, in jedem Land, in jedem Jahrhundert, in der Vergangenheit wie in der Zukunft: Wenn eure Suche die Suche nach dem Inneren ist, seid ihr Söhne Indiens. Für mich sind Indien und Spiritualität synonym. In diesem Sinn sind die Kinder Indiens in jedem Erdenwinkel zu finden. Und wer zufällig in Indien geboren wurde, hat kein Recht, sich Bürger Indiens zu nennen, solange er nicht ein leidenschaftliches Streben nach dem verspürt hat, was nicht stirbt.

Indien ist eine immer währende Reise, ein Weg des Nektars, der sich von Ewigkeit zu Ewigkeit erstreckt. Daher haben wir nie eine Geschichte Indiens aufgezeichnet. Ist Geschichte es denn wert, dass man sie aufzeichnet? Geschichte ist der Name für das Gewöhnliche, für das profane Alltagsgeschehen, das sich heute wie ein Sturm erhebt und morgen spurlos vorüber ist. Geschichte ist bloß ein Wirbel aus Staub.

Indien hat nie Geschichte geschrieben, Indien hat versucht, das Ewige zu berühren, so wie ein Chakor, jenes rotbeinige Rebhuhn, das ohne zu zwinkern unentwegt den Mond anschaut ...

Ich möchte die, die vergessen haben, daran erinnern. Ich möchte die, die eingeschlafen sind, aufwecken, damit Indien seine Würde zurückgewinnen kann, seinen Stolz, seine schneebedeckten Gipfel. Denn das Schicksal der gesamten Menschheit ist eng mit dem Schicksal Indiens verknüpft. Es geht nicht nur um ein einzelnes Land. Wenn Indien sich im Dunkeln verliert, hat der Mensch keine Zukunft. Doch wenn wir Indien seine Flügel und die Weite des Himmels zurückgeben können, wenn wir seine Augen wieder mit der Sehnsucht füllen können, bis zu den Sternen zu fliegen, werden wir nicht nur die Menschen retten, die einen inneren Durst verspüren, wir werden auch jene retten, die heute noch schlafen, aber morgen erwachen werden.

Das Schicksal Indiens ist somit das Schicksal der gesamten Menschheit – die Art und Weise, wie wir das menschliche Bewusstsein verfeinerten, die Lichter, die wir im Innern der Menschen entzündeten, die Blumen, die wir in den Menschen pflanzten, der Duft, den wir in den Menschen erweckten. Nirgendwo sonst auf Erden fand so etwas statt. Dies waren zehntausend Jahre unablässiger Bemühung, unablässigen Yogas, unablässiger Meditation. Dafür haben wir alles andere verloren, haben wir alles andere geopfert. Doch selbst in den dunkelsten Nächten der Menschheit hielten wir die Lampe des menschlichen Bewusstseins am Brennen.

Ihr fragt mich, was mein Traum sei? Es ist derselbe Traum wie bei allen Buddhas: Euch an das zu erinnern, was vergessen ging, das zu erwecken, was in euch schläft. Denn solange ein Mensch nicht versteht, dass das ewige Leben, die Göttlichkeit sein Geburtsrecht ist, wird er nicht ganz werden können, wird er unvollendet und verkrüppelt bleiben.

Jeden Augenblick, jede Stunde, seit ich erweckt wurde, bemühe ich mich nur um eins, versuche ich Tag und Nacht nur das Eine: Euch auf die eine oder die andere Weise an euren vergessenen Schatz zu erinnern, so dass die Worte «Ana'l haq» auch eurem eigenen Innersten entspringen können, so dass auch ihr sagen könnt: «Aham Brahmasmi», «Ich bin Gott».

Überall auf der Welt wurde viel über Gott geredet, aber Gott ist dabei stets weit weggeblieben, hinter den Sternen. Nur Indien ist davon ausgegangen, dass Gott im Menschen ist. Und mit der Verwirklichung Gottes im Innern hat Indien dem Menschen die Möglichkeit, die Würde und die Schönheit gegeben, selber zum Tempel, selber zum Schrein zu werden.

Wie jeder Mensch zu einem Tempel werden kann, wie jeder Mensch jeden Augenblick zu einem Gebet werden kann – das könnt ihr meinen Traum nennen.[1]

Aham Brahmasmi ist vielleicht die kühnste Feststellung, die jemals irgendwo auf dieser Welt von irgendeinem Menschen getroffen wurde, und ich glaube nicht, dass sie in der Zukunft je überboten werden kann. Sie zeugt von so vollkommenem, uneingeschränktem Mut, dass sie sich nicht mehr verfeinern, nicht noch weiter veredeln lässt. Diese Aussage ist so grundlegend, dass man weder tiefer noch höher reichen kann. Aham Brahmasmi setzt sich aus nur drei Sanskrit-Worten zusammen und lässt sich auch mit wenigen Worten ins Deutsche übersetzen: «Ich bin das Höchste». Über mich hinaus ist nichts – keine Höhe, die nicht in mir wäre, keine Tiefe, die nicht in mir wäre. Indem ich mich ergründe, habe ich das ganze Geheimnis der Existenz ergründet.

Die ruhmreichste Zeit dieses Landes war die Zeit der Upanischaden. Alles Suchen, alles Forschen, alle Sehnsucht richtete sich darauf, sich selbst kennen zu lernen. Kein anderes Ziel regierte die Menschen. Reichtümer, Erfolg, Macht – das alles galt als absolut prosaisch. Wer ehrgeizig war, wer dem Mammon nachjagte, wer nach Macht strebte, galt als psychisch krank. Geistig wirklich gesunde Menschen, spirituell gesunde Menschen strebten einzig danach, sich selbst zu erkennen, sie selbst zu sein und dem ganzen Universum das innerste Geheimnis zu verkünden. Dieses Geheimnis liegt in den Worten Aham Brahmasmi.[2]

Die Lehren der Upanischaden sind viel älter als Buddha. Was Buddha sagte, ist genau dasselbe, was schon in den Upanischaden verborgen liegt. Wer tief in sie eindringt, wird merken, dass Buddha einen lebendigen Kommentar über die Upanischaden abgegeben hat…
Die Weisen der Upanischaden spielten mit dem Feuer. Doch zur Zeit, da Buddha die Bühne betrat, hatte es sich bereits in Asche verwandelt. Als Buddha aufs Neue anfing, über das Feuer zu sprechen, sahen ihn all jene, die die Asche hüteten und sie als Feuer ausgaben, als ihren Feind an. Das war nur natürlich, weil die Hüter der Asche in Schwierigkeiten geraten, wenn das Feuer neu entfacht wird…

Es ist schwer zu begreifen, dass die Wahrheit immer eins ist. Nur ihre Ausdrucksform ist immer wieder neu. Der lebendige Kern der Wahrheit ist stets der gleiche…

Eigentlich ist in den Upanischaden schon alles, was von ewigem Wert ist, so treffend gesagt worden, dass ich mich manchmal frage, ob man überhaupt noch etwas hinzufügen kann, was nicht schon dort steht. Können die Upanischaden noch mehr verfeinert werden? Kann man sie noch verbessern? Ich bezweifle es. Es scheint mir kaum möglich, irgendeine Verbesserung anzubringen.[3]

Zu Zeiten der Upanischaden wurde ein Junge namens Svetaketu von seinem Vater zu einem *Gurukul*, zur Familie eines erleuchteten Meisters, geschickt, um dort zu lernen. Er lernte alles, was es zu lernen gab, er lernte alle Veden auswendig und alle zu jener Zeit verfügbaren Wissenschaften. Er übte sich darin und wurde ein großer Gelehrter. Sein Ruhm verbreitete sich im ganzen Land. Schließlich konnte sein Meister ihn nichts mehr lehren, daher sagte er: «Du hast nun alles gelernt, was gelehrt werden kann. Jetzt kannst du zurückkehren.» ❧ Svetaketu kehrte voller Stolz und Selbstbewusstsein zu seinem Vater zurück. Er glaubte, damit sei es nun getan, denn jetzt wusste er alles, was der Meister wusste; sein Meister hatte ihm nichts vorenthalten. Als er in sein Dorf kam, schaute sein Vater Uddalak aus dem Fenster. Er sah seinen Sohn von der Lehre zurückkehren, sah, wie stolz er ausschritt, wie selbstgefällig er den Hals reckte, wie selbstbewusst er um sich blickte. Der Vater wurde ganz traurig und bedrückt, denn so benimmt sich keiner, der wirklich weiß, der zu höchstem Wissen gelangt ist. ❧ Svetaketu trat ein. Sicher war sein Vater jetzt überglücklich – war sein Sohn nicht einer der hervorragendsten Gelehrten des Landes geworden, überall bekannt, überall angesehen? Doch dann sah er, wie bedrückt der Vater war, und fragte ihn: «Weshalb bist du so traurig?» ❧ «Ich habe nur eine einzige Frage an dich», sagte der Vater. «Hast du das gelernt, was jedes weitere Lernen überflüssig macht? Hast du das erkannt, was alles Leiden beendet? Hat man dich das gelehrt, was nicht gelehrt werden kann?» ❧ Nun wurde auch der Junge traurig. Er sagte: «Nein. Ich weiß nur das, was mir beigebracht wurde. Und ich kann es jeden lehren, der willig ist, es zu lernen.» ❧ «Dann gehe zurück und bitte deinen Meister, dich das zu lehren, was nicht gelehrt werden kann», sagte der Vater. ❧ Der Junge meinte: «Aber das ist doch absurd! Wie kann der Meister mir etwas beibringen, das nicht gelehrt werden kann?» ❧ Der Vater sagte: «Erst das macht die Kunst des Meisters aus – dich das zu lehren, was nicht gelehrt werden kann. Gehe nun zurück!» ❧ Svetaketu ging zurück, beugte sich zu Füßen seines Meisters nieder und sagte: «Mein Vater schickt mich zu dir. Ich weiß nicht mehr, wo mir der Kopf steht und worum ich dich bitten soll. Mein Vater hat mir aufgetragen, erst zurückzukehren, wenn ich gelernt habe, was nicht gelernt werden kann, wenn du mir beigebracht hast, was man niemandem beibringen kann. Was ist es? Was soll das? Du hast mir nie davon erzählt.» ❧ Der Meister sagte: «Solange jemand nicht danach forscht, lässt sich nichts darüber sagen. Du hast nie danach gefragt. Doch jetzt beginnst du eine völlig andere Reise. Und denke daran, man kann es nicht lehren. Es ist etwas sehr Delikates. Ich kann dir nur indirekt helfen. Mache Folgendes: Nimm alle Tiere meines Gurukul» – es gab dort gut vierhundert Kühe, Ochsen und andere Nutztiere –, «und gehe tief in die Wälder, wo kein Mensch je hinkommt. Lebe mit all diesen Tieren in Stille. Sprich nicht, denn sie verstehen keine Sprache. Bleibe still. Und wenn aus diesen vierhundert Tieren tausend geworden sind, dann kehre zurück.» ❧ Es würde lange dauern, bis sich die vierhundert Tiere zu tausend vermehrt hätten. Doch Svetaketu musste gehen, ohne etwas dagegen einzuwenden, ohne zu fragen: «Was befiehlst du mir da? Wozu soll das gut sein?» Er sollte nur noch mit Tieren und Bäumen und Felsen leben, kein Wort mehr sprechen und die menschliche Welt völlig vergessen. Euer Verstand ist ein menschliches Erzeugnis. Wenn ihr mit Menschen lebt, wird er ständig gefüttert. Sie sagen etwas, du sagst etwas, und der Verstand lernt immer weiter, er dreht sich immer weiter. ❧ «Gehe also in die Berge, in die Wälder», sagte der Meister. «Lebe allein. Sprich nicht. Und auch das Denken bringt nichts, denn diese Tiere verstehen nicht einmal deine Gedanken. Lasse all deine Gelehrsamkeit hier zurück.» ❧ Svetaketu gehorchte. Er ging in die Wälder und lebte viele Jahre mit den Tieren. Ein paar Tage drehten sich die Gedanken im Kopf weiter, sie wiederholten sich immer und immer wieder, bis es ihm langweilig wurde. Wenn sich keine neuen Gedanken einstellen, werdet ihr gewahr, dass der Verstand bloß repetitiv ist und alles rein mechanisch immer im selben Trott wiederholt. Nun war kein neues Wissen verfügbar. Neues Wissen macht den Verstand stets glücklich, denn dann kann er sich wieder an etwas reiben, wieder etwas ausarbeiten, und der ganze Mechanismus bleibt in Bewegung. ❧ Svetaketu wurde bewusst. Da waren seine vierhundert Tiere, Vögel, Wildtiere, Bäume, Felsen, Flüsse und Bäche, aber kein Mensch und keine Möglichkeit menschlicher Kommunikation. Es brachte nichts ein, selbstgefällig zu sein, denn die Tiere wussten nicht, was für ein großer Gelehrter dieser Svetaketu war. Sie machten sich keine Gedanken über ihn, sie schauten nicht respektvoll zu ihm auf, und nach und nach verschwand sein ganzer Stolz. Er war nicht nur nutzlos, es sah sogar ziemlich dümmlich aus, stolzen Schrittes mit den Tieren herumzuziehen. Selbst Svetaketu begann das zu spüren. «Wenn ich so selbstgefällig bleibe, lachen mich die Tiere am Ende noch aus. Was mache ich jetzt?» Er saß unter den Bäumen und schlief an den Bächen, und allmählich wurde sein Verstand still. ❧ Diese Geschichte ist schön. Die Jahre verstrichen, und sein Verstand wurde so still, dass Svetaketu völlig vergaß, wann er zurückkehren sollte; so still, dass sogar dieser Gedanke entschwunden war. Die Vergangenheit fiel ganz von ihm ab, und wenn die Vergangenheit abfällt, fällt auch die Zukunft ab, denn die Zukunft ist nichts anderes als eine Projektion der Vergangenheit. Er vergaß, was sein Meister gesagt hatte, er vergaß, wann er zurückkehren sollte. Es gab kein Wann und kein Wo mehr, er war im Hier und Jetzt. Er lebte im Augenblick, so wie die Tiere. Er wurde zu einer Kuh. ❧ Die Geschichte berichtet, dass die Tiere, als es tausend geworden waren, allmählich unruhig wurden. Sie warteten darauf, dass Svetaketu sie zurück zum Ashram führen würde, und nun hatte er es völlig vergessen. Eines Tages beschlossen die Kühe daher, mit Svetaketu zu reden. Sie sagten zu ihm: «Jetzt ist genug Zeit verstrichen. Wir wissen noch, wie der Meister gesagt hat, dass du zurückkehren sollst, wenn aus uns tausend geworden sind. Aber du scheinst das völlig vergessen zu haben. Jetzt ist es Zeit, wir müssen zurück. Wir sind tausend geworden.» ❧ Und so kehrte Svetaketu mit den Tieren zurück. Von der Tür seiner Hütte aus sah der Meister, wie Svetaketu mit tausend Tieren daherkam. Er sagte zu seinen anderen Schülern: «Schaut, da kommen tausendundein Tiere.» Svetaketus Wesen war ganz still geworden, ganz ohne Ego, ohne Selbstbewusstsein. Er zog mit den Tieren als einer von ihnen daher. ❧ Der Meister empfing ihn tanzend und ekstatisch. Er umarmte Svetaketu und sagte: «Jetzt brauche ich dir nichts mehr zu sagen, du weißt schon alles. Warum bist du gekommen? Das ist nicht mehr nötig. Es gibt nichts mehr zu lehren. Du weißt schon alles.» ❧ Svetaketu erwiderte: «Nur um dir Achtung zu erweisen, nur um deine Füße zu berühren, nur aus Dankbarkeit. Es ist geschehen. Du hast mich das gelehrt, was man nicht lehren kann.»[4]

Das Wort «Mystik» stammt vom griechischen Wort *Mysterion* ab und bedeutet «geheime Zeremonie». Die Menschen, die das Unerkennbare berührt haben, versammeln sich, um es mit anderen zu teilen. Dies geschieht nicht über Worte, es kann nicht verbal erfolgen. Sie teilen ihr Sein, sie gießen ihr Sein in die anderen aus. Sie tanzen zusammen, sie singen zusammen, sie schauen sich in die Augen oder sitzen einfach still beieinander. Dies geschah auf verschiedene Art und Weise bei Buddha, bei Krischna, bei Jesus.

Die Anhänger Krischnas tanzten mit ihm. Das war ein *Mysterion*, eine geheime Zeremonie. Schaut man dieses Geschehen von außen an, kann man nicht genau erkennen, was da wirklich abläuft. Solange man nicht teilnimmt, solange man nicht mit Krischna tanzt, weiß man nicht, was da geteilt wird. Denn was geteilt wird, ist unsichtbar. Es ist keine Ware, es kann nicht von Hand zu Hand weitergegeben werden, man sieht nichts dergleichen. Es ist nichts Gegenständliches. Ein Sein fließt ins andere; die Präsenz des Meisters fließt in den Schüler.

In Indien wurden diese geheimen Zeremonien in der Tradition von Krischna *Ras* genannt. Ras bedeutet mit dem Meister zu tanzen, so dass deine Energie und die Energie des Meisters in Fluss kommen. Nur fließende Energien können sich begegnen. Stehendes Gewässer kann sich nicht begegnen, nur Flüsse können sich begegnen. Nur durch Bewegung wird eine Begegnung möglich.

Dasselbe geschah auch bei Buddha, aber ohne sichtbaren Tanz. Buddha saß still da, seine Schüler saßen still da. Das wurde *Satsang* genannt, «mit der Wahrheit sein». Buddha wurde erleuchtet, er ist sich selbst ein Licht. Andere, deren Licht noch nicht entflammt, deren Kerze noch nicht entzündet ist, sitzen in seiner Nähe, in tiefer, intimer Liebe und Dankbarkeit. In ihrer Stille, in ihrer Liebe kommen sie Buddha immer näher. Allmählich kommt der Augenblick, da der Raum zwischen Meister und Schüler verschwindet. Die Flamme springt vom Meister zum Schüler über. Der Schüler ist bereit, sie zu empfangen, er ist ein einziges Willkommen. Der Schüler ist feminin, empfänglich, ein Schoß. Auch das ist ein *Mysterion*, eine geheime Zeremonie.[5]

Für den Osten ist die Lotosblüte etwas Symbolisches, denn der Osten sagt, man solle in der Welt leben, aber von ihr unberührt bleiben. Bleibt in der Welt, aber lasst die Welt nicht in euch sein. Geht durch die Welt, ohne dass sie auf euch einwirkt, ohne einen Schlag, ohne einen Kratzer abzukriegen. Wenn ihr in der Stunde eures Todes sagen könnt, euer Bewusstsein sei so rein und so unschuldig, wie ihr es bei der Geburt mitgebracht habt, dann habt ihr ein religiöses Leben, ein spirituelles Leben gelebt.

Daher ist die Lotosblüte zu einem Symbol für einen spirituellen Lebensstil geworden. Unberührt vom Wasser und vom Schlamm, aus dem sie wächst, ist sie ein Sinnbild für Transformation. In ihr verwandelt sich der Schlamm zur schönsten und duftendsten Blume, die diese Erde kennt. Gautama Buddha liebte den Lotos so sehr, dass er sein Paradies «Lotosparadies» nannte.[6]

Eines Morgens kam Prasenjita, ein großer König, zu Gautama Buddha. In der einen Hand trug er eine wunderschöne Lotosblüte, in der anderen einen der kostbarsten Diamanten jener Zeit. Er war gekommen, weil seine Frau darauf beharrt hatte: «Gautama Buddha ist hier, und du vergeudest deine Zeit mit Idioten und unnützem Gerede!» ❧ Seit frühester Kindheit war sie zu Gautama Buddha gegangen, bis sie dann verheiratet wurde. Prasenjita verspürte keinen Drang, Buddha aufzusuchen, aber weil sie so beharrlich war, sagte er sich: «Ein Besuch kann nicht schaden. Dann sehe ich wenigstens, was für ein Mensch das ist.» Doch weil er ein sehr großes Ego hatte, holte er den kostbarsten Diamanten aus seinem Schatz, um ihn Gautama Buddha zum Geschenk zu machen. ❧ Er wollte nicht als einfacher Mann auftreten. Jeder sollte wissen... Im Grunde wollte er alle wissen lassen, wer größer war, Gautama Buddha oder Prasenjita. Der Diamant war so kostbar, dass schon viele Kämpfe, ja sogar Kriege um ihn ausgefochten worden waren. ❧ Seine Frau lachte und sagte: «Du hast keine Ahnung von dem Mann, zu dem ich dich bringe. Es ist besser, du machst ihm eine Blume zum Geschenk als einen Edelstein.» Prasenjita begriff nicht, meinte jedoch: «Warum nicht? Ich kann ja beides mitnehmen. Warten wir ab!» ❧ Als er ankam, bot er Buddha zuerst den Diamanten an, den er in der einen Hand trug. Buddha sagte nur: «Lass es fallen!» ❧ Was tun? Er ließ ihn fallen. Vielleicht hatte seine Frau doch Recht. In der anderen Hand hielt er den Lotos. Doch als er ihn

Buddha reichen wollte, sagte dieser wieder: «Lass es fallen!» ❧ Er ließ auch den Lotos fallen und wurde ein wenig unsicher. Der Mann schien verrückt zu sein. Doch mit zehntausend Schülern...? Er stand da und dachte, dass ihn alle für dumm halten mussten. Und Buddha sagte zum dritten Mal: «Hörst du mich nicht? Lass es fallen!» Prasenjita dachte: «Der spinnt wirklich! Ich habe beides fallen lassen, den Diamanten und den Lotos, jetzt habe ich doch gar nichts mehr.»

Und genau in diesem Augenblick begann Sariputta, ein alter Schüler von Gautama Buddha, zu lachen. Sein Gelächter veranlasste Prasenjita, sich nach ihm umzudrehen. «Weshalb lachst du?» fragte er ihn. ❧ Sariputta sagte: «Du verstehst diese Sprache nicht. Buddha sagt nicht, du sollst den Diamanten fallen lassen oder die Lotosblüte. Er sagt, du sollst dich selbst fallen lassen, dein Ego. Behalte den Diamanten und behalte auch den Lotos, aber lass das Ego fallen. Nimm es nicht wieder mit zurück.» ❧ Das waren schöne Zeiten. Plötzlich öffnete sich Prasenjita ein neuer Himmel. Er warf sich in äußerster Demut Gautama Buddha zu Füßen und ging nie wieder weg von ihm. Er wurde ein Teil der großen Karawane, die Gautama Buddha nachfolgte. Er vergaß sein ganzes Königreich, dachte an nichts mehr zurück. Alles, was zählte, war dieser schöne Mann, diese unbeschreibliche Anmut, dieser unsichtbare Magnetismus, diese Augen und diese Stille. Er war tief ergriffen. ❧ Es geht nicht um Glauben, es geht nicht um Bekehrung oder um Argumente – es geht um die höchste Qualität von Liebe.[7]

Die Meditation ist in diesem Land nie gestorben. Ihr Fluss strömte beständig und ewig weiter, manchmal über der Erde, manchmal unterirdisch. Er fließt heute, und er wird auch morgen fließen – das ist die einzige Hoffnung, die den Menschen bleibt. Denn an dem Tag, da die Meditation stirbt, stirbt auch der Mensch. Des Menschen Wirklichkeit ist Meditation. Ihr mögt euch dessen gewahr sein oder nicht, ihr mögt es wissen oder nicht, aber Meditation ist euer innerster Kern. Was in eurem Atem verborgen ist, was in eurem Herzschlag verborgen ist, was ihr wirklich seid, ist nichts anderes als Meditation.

Wenn dieses Land der Welt etwas gegeben hat, wenn es irgendeinen Beitrag geleistet hat, dann den der Meditation. In Form von Patanjali oder in Form von Buddha, in Form von Kabir oder in Form von Nanak – die Namen haben gewechselt, der Beitrag selbst nicht. Durch verschiedene Menschen mit verschiedenen Stimmen haben wir einen einzigen Ruf in die Welt ausgesandt, den Ruf der Meditation.[8]

Mahakashyapa ist nur sehr wenigen Leuten bekannt, denn er schrieb nichts auf und hielt keine Vorträge.
Eines Tages kam Buddha mit einem Lotos in der Hand zu seinem Morgenvortrag. Er saß still da, schaute die Blume an und sagte kein einziges Wort. Die Versammlung aus zehntausend Sannyasins war verdutzt. Das war unerhört! Erstens kam Buddha, der nie zuvor etwas mitgebracht hatte, mit einer Lotosblüte daher; zweitens begann er immer sofort zu sprechen, doch heute verging Minute um Minute und er schaute einfach nur die Blume an. Viele mussten gedacht haben, er sei wohl übergeschnappt. Nur einer dachte anders. Er lachte. Dieser Mann war Mahakashyapa. Buddha hob den Blick, lachte zurück und rief Mahakashyapa zu sich. Er reichte ihm die Blume und erklärte den Versammelten, dass sein Vortrag zu Ende sei. «Ich habe euch gegeben, was euch zukommt. Und ich habe Mahakashyapa gegeben, was ihm zukommt, und beides zu Recht. Seit Jahren habe ich in Worten zu euch gesprochen, und ihr habt nie verstanden. Heute habe ich aus der Stille gesprochen. Mahakashyapas Lachen hat mir gezeigt, dass er verstanden hat.» Auf diese seltsame Weise war sein Nachfolger gefunden. Mahakashyapa wurde Buddhas Nachfolger. Höchst mysteriös...
Mahakashyapas Schüler haben ein paar Dinge über ihn aufgeschrieben, die man als «sein Buch» bezeichnen könnte. Doch weder hat er es selbst verfasst, noch haben seine Schüler es signiert. Es blieb anonym, aber alles, was dort geschrieben steht, ist von erlesener Schönheit. Ein paar Fragmente, Bruchteile des Vollmondes... Wenn man sie zusamensetzen kann, wird der Vollmond wieder sichtbar. Das Geheimnis, um die Teile zusammenzusetzen, ist Meditation. Die Tradition, die auf Mahakashyapa folgte, ist Zen. Er ist der erste Patriarch des Zen, des *Dhyan*.[9]

Die Flamme der Bewusstheit

Meditation ist ein Zustand. Man ist einfach still ~ kein Gedanke, auf den man sich konzentriert, kein Thema, über das man nachsinnt.

Gorakh ist das erste Glied in der Kette. Von ihm ging eine neue Art von Religion aus. Ohne Gorakh hätte es weder einen Kabir gegeben noch einen Dadu, einen Farid oder eine Meera – keiner von ihnen wäre möglich gewesen. Nach Gorakh wurde ein hoher Tempel errichtet, an welchem viele goldene Türme emporragen. Doch obwohl diese goldenen Türme von weither zu sehen sind, können sie nicht mehr Wichtigkeit für sich beanspruchen als das Fundament, das schon längst unsichtbar ist. Aber auf seinen Steinquadern ruht das ganze Bauwerk – alle Mauern, die höchsten Turmspitzen. Andächtig bestaunt man diese Spitzen, während die Grundsteine in Vergessenheit geraten sind. Gorakh ist ebenso vergessen worden … Auf der inneren Suche machte Gorakh unzählige Entdeckungen, mehr vielleicht als jeder andere. Von ihm stammen so viele Techniken, dass er in puncto Methodik als der größte Erfinder gilt … Es waren so viele, dass es die Leute verwirrte. Welche Technik war die richtige, welche die falsche? Welche war zu üben, welche zu unterlassen? … Gorakh war von einer einzigartigen Individualität, ähnlich wie Albert Einstein. Einstein fand so tief greifende Methoden, um die Natur des Universums zu erforschen, wie es noch keiner vor ihm vermocht hatte. Gewiss, heute lassen sie sich weiterentwickeln und verfeinern, doch Einstein hat die grundlegende Arbeit geleistet, der Weg ist von ihm vorgezeichnet worden. Andere werden kommen, die ihn verbessern und ausbauen, Meilensteine setzen, ihn verschönern und leicht begehbar machen, aber keiner kann Einsteins Platz einnehmen. Mit der inneren Welt und mit Gorakh ist die Situation ganz ähnlich. ❧ Doch warum haben die Menschen Gorakh vergessen? An die vielen, die den Weg ausschmückten, erinnert man sich noch, doch der Mann, der ihn als Erster entdeckte, wurde vergessen. Warum? Weil die, die später kamen, Gelegenheit genug hatten, um Verbesserungen anzubringen. Wer zuerst kommt, ist noch unpoliert, ungeschliffen. Gorakh ist wie ein Diamant, frisch aus der Mine. Säßen Gorakh und Kabir beisammen, würdet ihr euch Kabir zuwenden, nicht Gorakh, denn Gorakh ist ein Rohdiamant, während die Juweliere an Kabir schon viel herumgeschliffen und herumpoliert haben ... ❧ Auf Gorakh steht der ganze Palast von Indiens Sant-Literatur. Alles geht auf dieses eine Individuum zurück. Was er gesagt hat, strahlt über die Jahrhunderte einen vielfarbenen Glanz aus. Immer wieder werden Menschen Sadhana ausüben, werden Menschen meditieren – wer weiß, wie viele Erleuchtete daraus hervorgehen? ❧ *Stirb, oh Yogi, stirb! Stirb, das Sterben ist süß!* ❧ Gorakh sagt: «Ich lehre den Tod, den Tod, durch den ich gegangen bin, als ich erleuchtet wurde. Es war der Tod des Schlafs, nicht der Tod von mir. Das Ego starb, nicht ich. Die Dualität starb, nicht ich. Die Dualität starb, und das Einssein wurde geboren. Die Zeit starb, und ich begegnete dem Ewigen. Das kleine, beengte Leben zerbrach, und der Tropfen wurde zum Ozean.» ❧ Wenn der Tropfen ins Meer fällt, so stirbt er natürlich in gewisser Hinsicht, er stirbt als ein Tropfen. In anderer Hinsicht findet der Tropfen erstmals ein Gesamtes, er lebt als Ozean weiter ... Löse dich auf, stirb! – dann manifestiert sich das Göttliche, die Einheit. Verschwinde! – dann ist die Suche vollendet, und ein neues Leben erblüht aus deinem Innern ...

In der Krone des Kopfes spricht ein Kind – wie könnte man es benennen?

In der Krone des Kopfes, da wo der tausendblättrige Lotos blüht, wird Nicht-Denken geboren. Wenn alle Gedanken weichen, wenn das Ego weicht, wenn nicht einmal das Gefühl «Ich bin» übrig bleibt, wenn nur noch Stille, Friede und Leere bleiben, wird dies *Samadhi* genannt.[10]

Der Osten hat sich am Herzen orientiert, der Westen am Verstand. Das westliche Denken war in der Lage, ein großartiges wissenschaftliches Gebäude zu errichten, der Osten jedoch brachte nichts dergleichen zustande. Wie kann man aus Unschuld Wissenschaft hervorbringen? Es ist unmöglich. Daher hat der Osten unwissenschaftlich gelebt.

Der Westen hingegen war nie fähig zu erkennen, was Meditation ist. Allerhöchstens sprach man Gebete, doch darum geht es nicht. Ihr könnt nur mit dem Kopf beten, ihr könnt endlos Formeln wiederholen. Wenn ihr nicht denkt, wird euer Beten verstummen. Dann könnt ihr nicht beten, weil euch die Worte fehlen. Nur mit dem Herz kann man andächtig sein.

Im Westen ließ sich keine spirituelle Wissenschaft, keine Meditation entwickeln. Man wandelte Meditation in Konzentration oder Kontemplation um und schoss damit weit am Ziel vorbei, denn sie ist keins von beiden... Konzentration ist ein mentaler Prozess. Wenn sich der Verstand konzentriert und der gesamte Denkprozess fokussiert wird, so spielt sich das im Kopf ab, es ist keine Frage des Herzens.

Meditation ist weder Kontemplation noch Konzentration. Sie ist Leben im Nicht-Mentalen, im Nicht-Denken. Du bist in Kontakt mit der Welt, ohne dass das Denken dazwischentritt. Sobald der Verstand nicht mehr gegenwärtig ist, gibt es keine Schranke mehr zwischen dir und der Existenz, zwischen dir und dem Göttlichen, denn das Herz kann keine Grenzen ziehen, es kann nicht definieren.

Im Definieren erzeugt der Verstand Schranken, Grenzen. Mit dem Herzen jedoch wird die Existenz grenzenlos. Du endest nirgendwo, und kein anderer beginnt irgendwo. Du bist überall, du bist eins mit der ganzen Existenz...
Die Beziehung zwischen Meister und Schüler ist ein Verstehen von Herzen.[11]

Der Osten hat so viele geheime Schlüssel, doch schon ein einziger Schlüssel genügt, um tausend Schlösser zu öffnen. Die Beziehung zwischen Meister und Schüler ist so ein Schlüssel.[12]

Saraha hieß ursprünglich Rahul. Diesen Namen hatte ihm sein Vater gegeben. Hört, wie er zu Saraha wurde. Es ist eine schöne Geschichte. Als er zu Sri Kirti ging, sagte dieser als Erstes zu ihm: «Vergiss alle deine Veden. Vergiss all deine Gelehrsamkeit, vergiss diesen ganzen Unsinn!» Es fiel Saraha schwer, doch er war bereit, alles aufs Spiel zu setzen. Etwas an der Präsenz von Sri Kirti hatte ihn magisch angezogen. Sri Kirti war ein großer Magnet. Saraha vergaß alles Gelernte und wurde wieder unwissend… ❧ Die Jahre vergingen. Nach und nach war alles, was er je gelernt hatte, wie ausgewischt. Er wurde ein großer Meditierender. Genauso wie er einst als großer Gelehrter Ruhm geerntet hatte, verbreitete sich jetzt sein Ruhm als großer Meditierender. Von nah und fern strömten die Leute herbei, um einen Blick auf diesen jungen Mann zu werfen, der so unschuldig geworden war wie ein frisches Blatt, wie Tautropfen auf dem Morgengras. ❧ Als Saraha eines Tages meditierte, hatte er auf einmal eine Vision – die Vision einer Frau auf dem Marktplatz, die seine wahre Lehrerin werden würde. Sri Kirti hatte ihn zwar auf den Weg geführt, doch im Tantra muss die wahre Lehre von einer Frau kommen. Das ist wichtig. Nur Tantra ist nie männlich chauvinistisch gewesen. Wer sich darauf einlassen will, braucht die Mitwirkung einer weisen Frau, denn ohne eine weise Frau wird es ihm nicht gelingen, in die komplexe Welt des Tantra einzutreten. ❧ Saraha hatte die Vision einer Frau auf dem Marktplatz. Als Erstes also: eine Frau. Und als Zweites: auf dem Marktplatz. Tantra blüht auf dem

Marktplatz, mitten im prallen Leben. Es ist keine Haltung, die verneint, es ist äußerste Bejahung. Saraha erhob sich. Sri Kirti fragte: «Wohin gehst du?» Und Saraha antwortete: «Du hast mir den Weg gezeigt. Du hast mir meine Gelehrsamkeit genommen. Du hast die eine Hälfte der Arbeit geleistet – du hast reinen Tisch gemacht. Nun bin ich bereit für die andere Hälfte.» Sri Kirti lachte und gab ihm seinen Segen mit auf den Weg. ❧ Saraha ging zum Markt und fand dort zu seiner Überraschung die Frau vor, die er in seiner Vision gesehen hatte. Sie verfertigte einen Pfeil; sie war eine Pfeilmacherin. ❧ Das Dritte, was man sich im Tantra merken muss: Je kultivierter, je zivilisierter ein Mensch ist, desto geringer ist die Möglichkeit seiner tantrischen Transformation. Je unzivilisierter, je primitiver jemand ist, desto lebendiger ist er. Je zivilisierter ihr werdet, desto künstlicher werdet ihr, künstlich wie Plastik. Ihr werdet zu kultiviert, ihr verliert eure Verwurzelung in der Erde. Ihr habt Angst vor den Niederungen des Daseins. Ihr beginnt Abstand zu nehmen, ihr tut so, als wärt ihr nicht von dieser Welt. Tantra sagt: Um den wirklichen Menschen zu finden, musst du zu den Wurzeln zurückgehen... ❧ Eine Pfeilmacherin ist eine Frau aus einer niederen Kaste. Und es ist symbolisch, dass Saraha, ein gelehrter Brahmane, ein berühmter Brahmane, der zum Hof des Königs gezählt hatte, zu einer Pfeilmacherin geht. Das Gelehrte muss zum Vitalen gehen. Das Künstliche muss zum Echten gehen. ❧ Er sah diese junge Frau, quicklebendig, sprühend vor Leben, wie sie völlig versunken in ihre Arbeit, ohne nach links oder nach rechts zu schauen, an einem Pfeilschaft schnitzte. Er empfand sogleich etwas Außergewöhnliches in ihrer Gegenwart, etwas, was ihm noch nie begegnet war. Selbst Sri Kirti, sein Meister, verblasste vor der Präsenz dieser Frau. So frisch, von der wahren Quelle des Lebens... ❧ Saraha sah genau hin. Als der Pfeil fertig war, schloss die Frau ein Auge, öffnete das andere und nahm eine Stellung ein, als würde sie ein unsichtbares Ziel anvisieren. Saraha kam näher. Da war kein Ziel, sie tat nur so. Das eine Auge zu, das andere offen, zielte sie auf etwas Unbekanntes, Unsichtbares. Saraha begann eine Botschaft herauszuspüren. Er fühlte dunkel, dass diese Positur symbolisch gemeint war, doch alles war noch sehr vage. Da war etwas, aber er fand nicht heraus, was es war. Er fragte die Frau, ob sie das Handwerk einer Pfeilmacherin ausübe. Sie brach in ein wildes, lautes Gelächter aus und sagte: «Du dummer Brahmane! Die Veden hast du aufgegeben, jetzt betest du Buddhas Worte an, die Dhammapada. Was nützt das schon? Du hast deine Bücher ausgewechselt, du hast deine Philosophie ausgewechselt und bleibst trotzdem der alte Dummkopf!» ❧ Saraha war schockiert. Noch nie hatte jemand so zu ihm gesprochen. Nur eine ungebildete Frau kann so sprechen. Und wie sie lachte! So unzivilisiert, so primitiv und doch so lebendig. Er fühlte sich sehr von ihr angezogen. Sie war ein großer Magnet und er ein Stück Eisen. ❧ Dann sagte sie: «Glaubst du wirklich, du bist ein Buddhist?» Er musste in der gelben Robe eines buddhistischen Mönchs gesteckt haben. Und wieder lachte sie auf und meinte: «Buddhas Bedeutung kann nur im Handeln erkannt werden, nicht durch Worte und nicht durch Schriften. Reicht es dir noch nicht? Hast du es noch nicht satt? Vergeude nicht noch mehr Zeit mit dieser unnützen Suche. Komm und folge mir!» ❧ Und da geschah so etwas wie eine Kommunion. So hatte sich Saraha zuvor noch nie gefühlt. In diesem Augenblick begann er die spirituelle Bedeutung ihres Tuns zu erahnen. Er hatte gesehen, wie sie weder nach links noch nach rechts, sondern immer in die Mitte schaute. Zum ersten Mal begriff er, was Buddha damit meint, in der Mitte zu bleiben, die Extreme zu vermeiden. Zuerst war er ein Philosoph gewesen, nun war er ein Anti-Philosoph geworden; er war von einem Extrem ins andere gefallen. Zuerst kämpft man für das eine, dann kämpft man für das genaue Gegenteil, aber der Kampf geht weiter. Man kann sich von links nach rechts bewegen oder von rechts nach links, doch das macht keinen Unterschied. Man wird zu einem Pendel, das hin- und herschwingt… ❧ Er hatte es so oft von Sri Kirti gehört, er hatte darüber gelesen, darüber nachgedacht, sich seine Gedanken darüber gemacht. Er hatte mit anderen Leuten argumentiert, wie wichtig es sei, in der Mitte zu bleiben. Jetzt hatte er zum ersten Mal gesehen, wie man es in die Praxis umsetzte. Die Frau schaute weder nach rechts noch nach links, sie hielt ihren Blick konzentriert auf die Mitte gerichtet. Und sie war so völlig in ihr Tun vertieft, dass sie nicht ein einziges Mal zu Saraha hinschaute, der dastand und sie beobachtete. Sie war völlig absorbiert, sie war total in ihrer Handlung. Auch das ist eine Botschaft von Buddha: Wenn du in dem, was du tust, total bist, bist du frei davon… ❧ Die Frau war völlig versunken. Deshalb strahlte sie so, deshalb sah sie so schön aus. Sie war eine gewöhnliche Frau, doch ihre Schönheit war nicht von dieser Welt, sie entsprang ihrer völligen Zentriertheit. Sie wurde schön, weil sie die Extreme vermied, weil sie in der Mitte war, im Gleichgewicht. Aus dem Gleichgewicht entspringt Anmut. ❧ Zum ersten Mal im Leben begegnete Saraha einer Frau, die nicht nur körperlich, sondern auch geistig schön war. Kein Wunder, dass er sich ihr ergab. Ihre völlige Hingabe an alles, was sie tat, ließ ihn zum ersten Mal verstehen, was Meditation ist – nicht eine bestimmte Zeit lang dazusitzen und ein Mantra zu wiederholen, nicht der Gang zur Kirche, zum Tempel, zur Moschee, sondern im Leben zu stehen, weiterhin alltägliche Dinge zu tun, aber so in sie vertieft, dass jede Handlung ihre Tiefgründigkeit enthüllt. Zum ersten Mal begriff er, was Meditation ist… ❧ Nachdem er dies erkannt hatte, nachdem er auf den Grund ihrer Handlungen gesehen und die Wahrheit entdeckt hatte, nannte diese Frau ihn Saraha. Sein Name war Rahul, doch sie nannte ihn Saraha. Saraha ist ein schönes Wort. Es bedeutet «Der den Pfeil abgeschossen hat». «Sara» bedeutet «Pfeil», «ha(n)» bedeutet «abgeschossen haben». Dass er ihre symbolischen Gesten richtig gedeutet hatte, dass er lesen und entschlüsseln konnte, was sie ihm mitgeben wollte, was sie ihm zeigen wollte, machte die Frau überglücklich. Sie tanzte und nannte ihn Saraha und sagte: «Von heute an heißt du Saraha. Du hast den Pfeil abgeschossen. Als du die Bedeutung meines Tuns verstanden hast, bist du zur Wahrheit vorgedrungen.» Rahul wurde zu Saraha. ❧ Die Legende sagt, die Frau sei in Wirklichkeit ein verborgener Buddha gewesen. In den Schriften wird der Name dieses Buddhas mit Sukhnatha angegeben – der Buddha, der gekommen war, um Sarahas großem Potenzial zur Verwirklichung zu verhelfen. Ein gewisser Buddha namens Sukhnatha nahm Gestalt an. Aber warum? Und warum die Gestalt einer Frau? Weil Tantra glaubt, dass ebenso wie jeder Mann aus einer

Frau geboren wird, auch die zweite Geburt eines Schülers aus einer Frau erfolgen muss. In Wirklichkeit sind alle Meister eher Mütter als Väter. Sie haben die Qualität des Weiblichen in sich. Buddha ist feminin, ebenso Mahavira und auch Krischna. Ihr könnt ihre weibliche Anmut sehen, ihre weibliche Rundheit, ihre weibliche Schönheit. Ihr könnt ihnen in die Augen schauen und werdet keine männliche Aggressivität darin finden. ❧ Es ist daher symbolisch, dass ein Buddha die Gestalt einer Frau annahm. Buddhas nehmen immer weibliche Gestalt an. Sie mögen in einem männlichen Körper leben, doch sie sind weiblich – denn alles, was geboren wird, wird aus der weiblichen Energie heraus geboren. Männliche Energie kann etwas in Gang setzen, aber sie kann nicht gebären. ❧ Ein Meister muss euch monatelang, jahrelang, manchmal ein Leben lang in seinem Schoß tragen. Man weiß nie, wann ihr bereit seid, geboren zu werden. Ein Meister muss eine Mutter sein. Ein Meister muss eine enorme Kapazität für weibliche Energie haben, damit er euch mit Liebe überschütten kann – nur dann kann er euch zerstören. Wenn ihr seiner Liebe nicht sicher seid, werdet ihr ihm nicht erlauben, euch zu zerstören. Wie könntet ihr ihm vertrauen? Nur seine Liebe wird es euch ermöglichen, ihm zu vertrauen. Und mit diesem Vertrauen wird er euch nach und nach ein Stück ums andere abtrennen, und eines Tages werdet ihr ganz plötzlich verschwinden. Langsam, ganz, ganz langsam – und ihr seid weg! *Gate, gate, para gate* – weiter, immer weiter, bis ihr verschwunden seid! Dann wird das Neue geboren.[13]

Im Osten haben wir die höchste Erkenntnis seit jeher als *Sat-Chit-Anand* definiert. Sat bedeutet Wahrheit, Chit Bewusstsein und Anand Glückseligkeit. Es sind drei Gesichter derselben Wirklichkeit. Dies ist die eigentliche Trinität – nicht Gott, der Vater, Jesus Christus, der Sohn, und der Heilige Geist, das ist nicht die wahre Trinität. Die wahre Trinität ist Wahrheit, Bewusstsein, Glückseligkeit. Es sind nicht getrennte Phänomene, sondern eine Energie, die sich auf dreierlei Weise ausdrückt, eine Energie mit drei Gesichtern. Deshalb sagen wir im Osten, Gott sei *Trimurti*, Gott habe drei Gesichter. Dies sind die wahren Gesichter Gottes, nicht Brahma, Wischnu und Mahesch. Die sind für die Kinder, für die Unreifen.

Wahrheit, Bewusstsein, Glückseligkeit – dies sind die höchsten Erkenntnisse. Zuerst kommt Wahrheit. Wenn du in dich eintrittst, wirst du dir deiner ewigen Wirklichkeit bewusst: Sat, Wahrheit. Wenn du noch tiefer in deine Wirklichkeit, in deine Wahrheit, in dein Sat eindringst, triffst du auf das Bewusstsein, auf ein immenses Bewusstsein. Alles ist Licht, nichts ist dunkel. Alles ist Bewusstheit, nichts ist unbewusst. Du bist eine einzige Flamme von Bewusstsein, da ist nirgendwo auch nur ein Schatten von Unbewusstheit. Und wenn du noch tiefer dringst, liegt im innersten Kern Glückseligkeit, Anand.

Buddha sagt: Lass alles los, was dir bis heute bedeutsam und wichtig erschienen ist. Opfere alles diesem Höchsten, denn es ist das Einzige, was dich zufrieden stellen wird, was dich erfüllen wird, was den Frühling in dein Sein trägt. Und du wirst in tausend Blüten erblühen.[14]

Im Osten kennen wir ein weiteres Wort, *Dhyan*. Es bedeutet nicht Konzentration, nicht Kontemplation und auch nicht aktive Meditation. Es bezeichnet einen Zustand des Nicht-Denkens. Die drei genannten Aktivitäten gehen vom Kopf aus. Ob du dich konzentrierst, nachsinnst oder über etwas meditierst, immer bist du objektiv ausgerichtet. Da ist stets etwas, worauf du dich konzentrierst, worüber du meditierst oder dem du nachsinnst. Es mag sich um verschiedene Prozesse handeln, doch sie finden alle im Kopf statt. Der Verstand kann sie alle mühelos bewältigen. Dhyan liegt jenseits vom Verstand.
Dhyan bedeutet, alle Objekte zu transzendieren. Man ist einfach nur. Dhyan ist kein Prozess, sondern ein Seinszustand; keine Dualität zwischen Subjekt und Objekt, sondern ein Tautropfen, der von der Lotosblüte hinab in den Ozean perlt...
Meditation ist ein Zustand. Du bist einfach nur still – kein Gedanke zum Konzentrieren, kein Thema zum Nachsinnen, kein Objekt zum Meditieren ... Das Denken ist das Hindernis. Und je mehr du dich konzentrierst, je mehr du nachsinnst oder über etwas meditierst, desto länger bleibst du im Denken verhaftet. Der Verstand ist der Tautropfen, von dem ich gesprochen habe. Der Begriff Dhyan wurde im Osten benutzt und geprägt, vor allem in Indien. Wörter werden erst gebildet, wenn man eine gewisse Erfahrung gemacht hat, die sich in der bestehenden Sprache unmöglich ausdrücken lässt.
Zehntausend Jahre lang hat Indien seine ganze Genialität einem einzigen Bemühen gewidmet: Dhyan. Wenn ihr diesen Begriff verwendet, impliziert ihr damit kein «Worüber?». Dhyan weist keine intrinsische Dualität auf. Dhyan bedeutet einfach Stille – tiefste Stille, klarste, heiterste Ruhe.[15]

Mir kommt eine Geschichte in den Sinn. Ein Holzfäller ging Tag für Tag in die Wälder. Manchmal blieb er hungrig, weil es regnete; manchmal war es zu heiß, manchmal zu kalt. ❧ In den Wäldern lebte ein Mystiker. Er sah, wie der Holzfäller alterte, krank wurde und Hunger litt, obwohl er den ganzen Tag hart arbeitete. Er sagte: «Hör gut zu! Warum gehst du nicht ein wenig weiter in den Wald hinein?» ❧ Der Holzfäller sagte: «Was bringt das schon ein? Mehr Holz? Und dieses Holz auch noch meilenweit heranschleppen?» ❧ Der Mystiker sagte: «Nein. Wenn du ein wenig weiter gehst, findest du eine Kupfermine. Du kannst das Kupfer in die Stadt bringen, es wird für sieben Tage reichen. Du brauchst nicht mehr täglich herzukommen, um Holz zu fällen.» ❧ Der Mann dachte sich, dass ein Versuch nicht schaden könne. Er ging weiter als üblich in den Wald und fand die Mine. Überglücklich kam er zurück und fiel dem Mystiker zu Füßen. ❧ Dieser meinte: «Freue dich nicht zu früh! Du musst noch ein wenig weiter gehen.» ❧ «Wozu denn? Jetzt habe ich für eine ganze Woche zu essen.» ❧ «Trotzdem ...», meinte der Mystiker. ❧ «Aber wenn ich noch weiter gehe, werde ich die Kupfermine nicht mehr finden», sagte der Holzfäller. ❧ «Geh nur!» meinte der Mystiker. «Gewiss wirst du die Kupfermine verlieren, doch dahinter liegt eine Silbermine. Und was du mit dir tragen kannst, wird für drei Monate reichen.» ❧ «Der Mystiker hat Recht gehabt mit der Kupfermine», dachte der Holzfäller. «Vielleicht hat er auch Recht mit der Silbermine.» Und er ging hin und fand die Silbermine. Tanzend kehrte er zurück und rief: «Wie kann ich es dir je entgelten? Meine Dankbarkeit kennt keine Grenzen.» ❧ Der Mystiker sagte: «Nur keine Eile! Gehe noch ein wenig tiefer hinein.» ❧ «Unmöglich! Ich werde die Silbermine verlieren.» ❧ «Nur ein paar Schritte dahinter liegt eine Goldmine», sagte der Mystiker. ❧ Der Holzfäller war unschlüssig. Er war so arm, dass schon eine Silbermine... Das hätte er sich nie träumen lassen. Doch wenn der Mystiker es so sagte – wer weiß? Vielleicht hatte er Recht. Und er fand die Goldmine. Nun brauchte er nur noch einmal im Jahr herzukommen. ❧ Aber der Mystiker sagte: «Es wird lange dauern. Heute in einem Jahr wirst du wieder herkommen. Ich werde langsam alt. Vielleicht bin ich dann nicht mehr da, vielleicht bin ich schon hinüber. Nur noch eins: Bleibe nicht bei der Goldmine stehen! Noch ein wenig weiter...» ❧ Der Mann sagte: «Wieso denn? Wozu das alles? Erst zeigst du mir etwas, und sobald ich es mir hole, sagst du mir sofort, ich soll es liegen lassen und weitergehen. Jetzt habe ich doch eine Goldmine gefunden!» ❧ Der Mystiker erwiderte: «Aber da liegt eine Diamantmine nur ein paar Schritte tiefer im Wald.» ❧ Der Holzfäller ging noch am selben Tag hin, und er fand sie auch. Er brachte viele Diamanten zurück. «Das reicht für mein ganzes Leben», sagte er. ❧ Der Mystiker meinte: «Wir werden einander vielleicht nie wieder sehen. Ich möchte dir nur noch eins sagen: Jetzt, da du genug für dein ganzes Leben hast, gehe in dich hinein. Vergiss den Wald, die Kupfermine, die Silbermine, die Goldmine, die Diamantmine. Jetzt verrate ich dir das höchste Geheimnis. Ich zeige dir den höchsten Schatz, der in dir selbst liegt. Für dein äußeres Wohl ist gesorgt. Setze dich so hin, wie ich hier sitze.» ❧ Der arme Mann sagte: «Ich habe mich schon oft gefragt, warum du hier sitzen bleibst, wo du doch all das weißt. Diese Frage hat mich nicht mehr losgelassen. Ich wollte dich gerade fragen: ‹Wieso holst du dir nicht selbst all die Diamanten, die dort liegen?› Nur du kennst den Ort. Und all das Gold! Warum bleibst du unter diesem Baum sitzen?» ❧ Der Mystiker sagte: «Als ich die Diamanten gefunden hatte, sagte mein Meister zu mir: ‹Setze dich jetzt unter diesen Baum und gehe in dich hinein.›» ❧ Der Mann ließ die Diamanten Diamanten sein. «Vielleicht werden wir uns nie mehr wieder sehen», sagte er. «Ich will nicht nach Hause. Ich werde hier an deiner Seite sitzen. Bitte lehre mich, wie man in sich hineingeht, denn ich bin nur ein Holzfäller. Ich weiß, wie man tiefer in den Wald kommt, aber ich weiß nicht, wie ich in mich hineinkomme.» ❧ Der Mystiker sagte: «Aber dann verlierst du alle deine Diamanten und das ganze Gold, Kupfer und Silber, denn wer in sich hineingeht, für den ist das alles wertlos.» ❧ Der Holzfäller meinte: «Lass das meine Sorge sein. Bis jetzt hast du Recht gehabt. Ich vertraue dir, dass du auch bei diesem letzten Schritt Recht hast.» ❧ Die Funktion des Meisters besteht im Wesentlichen darin, euch nach und nach zu veranlassen, dass ihr euch vom Physischen zum Psychischen bewegt. Geht vom Kopf zum Herzen. Und dann geht vom Herzen zum Sein.[16]

So weit man zurückdenken kann, haben sich Menschen um einen Meister geschart, nur um still dazusitzen. Im Osten nennen wir das *Darshan.* Der Westen hat den Sinn nie verstanden. «Ich gehe den Meister sehen», hört sich dumm an. Warum hast du nicht einfach ein Bild von ihm im Haus? Und wenn schon – einmal Hingehen genügt ja wohl! Aber jeden Tag den Meister aufsuchen? Bist du nicht ganz bei Trost?

Der Westen hat nie verstanden, dass «*sehen*» – die eigentliche Bedeutung des Wortes Darshan – bedeutet, im Energiefeld eines Mannes zu sein, der sich selbst kennen gelernt hat; aus seinem Brunnen zu trinken, ihm in die Augen zu schauen, seine Hände zu fühlen, seiner Stille, seinen Worten zu lauschen.[17]

Es wird berichtet, dass Sariputta – einer von Gautama Buddhas wichtigsten Schülern und einer der wenigen, die noch zu Buddhas Lebzeiten erleuchtet wurden – Buddha mit der Absicht aufsuchte, ein Streitgespräch zu führen. Er war ein bekannter Lehrer, und viele hielten ihn für einen Meister. Er war mit fünftausend Schülern hergekommen, um mit Buddha über die Grundprinzipien zu debattieren. ❧ Buddha empfing ihn voller Liebe und sagte zu seinen und zu Sariputtas Schülern: «Hier kommt ein großer Lehrer, und ich hoffe, dass er eines Tages ein Meister werden wird.» Alle wunderten sich, was Buddha damit wohl meinte. Sariputta fragte ihn: «Was soll das heißen?» ❧ Gautama Buddha sagte: «Du argumentierst gut, du bist wortgewandt, du bist ein einflussreicher Intellektueller. Du hast alle Qualitäten eines genialen Lehrers. Du hast fünftausend sehr intelligente Menschen als Schüler, aber du bist noch kein Meister. Wärst du einer, so wäre ich zu dir gekommen und nicht du zu mir. Du bist ein großer Philosoph, doch du weißt nichts. ❧ Ich zähle auf deine Intelligenz und weiß, dass du nicht lügen wirst. Sage vor all diesen Leuten hier, dass du ein Denker bist, dass nichts aus eigener Erfahrung kommt. Wenn du aus Erfahrung sprichst, bin ich bereit, mit dir zu diskutieren. Aber denke daran: Lügen hilft nichts. Du wirst schnell entlarvt werden, denn Erfahrung enthält so vieles, was keinen Schriften zu entnehmen ist. Sei also lieber ehrlich. ❧ Ich bin gerne bereit, mit dir zu diskutieren, wenn du sagst, du habest die Wahrheit erfahren. Wenn du zugibst, dass du sie nicht erfahren hast, bin ich bereit, dich als meinen Schüler anzunehmen. Und ich mache einen

Meister aus dir, versprochen! Denn du bist verheißungsvoll. Du hast die Wahl: Du kannst lügen und mit mir argumentieren, oder du kannst die Wahrheit sagen, mein Schüler werden und bei mir lernen, bei mir Erfahrung sammeln. Und wenn du eines Tages ein Meister bist und mit mir diskutieren willst, so wird mich das überglücklich machen.» ❧ Eine Weile herrschte eine atemlose Stille. Doch Sariputta war tatsächlich ein wahrhafter Mann. Er sagte: «Buddha hat Recht. Ich wäre nie auf die Idee gekommen, dass er nach Erfahrung fragen könnte. Ich habe im ganzen Land Debatten geführt und so viele so genannte große Lehrer besiegt und zu meinen Schülern gemacht» – in Indien war es so üblich, dass der Verlierer einer philosophischen Diskussion zum Schüler des Siegers wurde. ❧ Er sagte also: «Viele dieser Schüler waren zuvor selbst Lehrer, aber noch nie hat mich einer nach meiner Erfahrung gefragt. Ich habe keine. Jetzt, in diesem Moment, ist eine Diskussion sinnlos. Jetzt berühre ich Gautama Buddhas Füße. Und ich werde so lange warten, bis ich die Erfahrung gemacht habe und selbst ein Meister bin.» ❧ Nach drei Jahren bei Buddha wurde Sariputta erleuchtet. Er hatte offensichtlich ein sehr großes Potenzial und stand schon dicht davor. An dem Tag, als es geschah, rief ihn Buddha zu sich und fragte ihn: «Möchtest du jetzt diskutieren?» ❧ Sariputta berührte wiederum Buddhas Füße und sagte: «Damals habe ich deine Füße berührt, weil ich keine Erfahrung hatte. Diesmal berühre ich sie, weil ich die Erfahrung gemacht habe. Eine Diskussion erübrigt sich. Damals war es unmöglich zu diskutieren, heute ist es ebenfalls unmöglich. Es gibt nichts zu diskutieren. Ich weiß, du weißt, und wir teilen dasselbe Wissen. Und ich bin dein Schüler. Ich mag ein Meister für andere werden, aber für dich werde ich immer ein Schüler bleiben. Du hast mein ganzes Leben verwandelt; ohne dich hätte ich bis zu meinem Tod unnütz herumdiskutiert und meine Zeit und die Zeit meiner Zuhörer vergeudet.»[18]

In Indien haben wir das Menschenleben in vier Ashramas oder Lebensabschnitte aufgeteilt. Dieses wissenschaftliche Experiment ist in der ganzen Geschichte der Menschheit vermutlich einmalig. Wenn ein Menschenleben hundert Jahre umfasst, wird es in vier Phasen zu je fünfundzwanzig Jahren unterteilt. Die ersten fünfundzwanzig Jahre werden *Brahmacharyashrama* genannt. In dieser Zeit zielte ein Mensch darauf ab, Energie zu erzeugen und zu akkumulieren, damit er, wenn er ein *Grihastha* wurde und einen eigenen Haushalt führte, in der Lage war, alle die Freuden des Lebens bis ins Letzte auszukosten.

Die indischen Weisen aus jener Zeit waren sehr kühne und mutige Leute und in keiner Weise Eskapisten. Die ersten fünfundzwanzig Jahre dienten der Akkumulation von Energie, so dass man während der zweiten Phase die höchsten Höhen und Tiefen des weltlichen Lebens erfahren konnte. Diese Weisen wussten um die Tatsache, dass man erst frei von einer Begierde wird, wenn man sie restlos durchlebt hat. Selbst wenn man frei von Negativität sein will, muss man sie erst voll und ganz erfahren haben. Wenn etwas nur teilweise bekannt ist, hält der Kopf den Wunsch aufrecht, den fehlenden Teil kennen zu lernen, und sei es auch nur aus bloßer Neugier.

Mulla Nasruddin lag auf seinem Sterbebett. Der Priester war gekommen, um ihm die Sterbesakramente zu geben. Er fragte Mulla: «Hast du alle deine Sünden bereut?» Mulla öffnete die Augen und sagte: «Ich bereue. Aber da ist ein kleiner Unterschied zwischen dem, was du meinst, und dem, was ich tue. Ich bereue alle die Sünden, die ich nicht begehen konnte. Ich habe Angst, etwas verpasst zu haben. Was hätte ich nicht alles gewonnen, wenn ich diese Sünden begangen hätte? Was ich getan habe, hat mir nichts eingebracht; aber woher weiß ich, ob es sich nicht bezahlt gemacht hätte, all das zu tun, was man nicht tun soll?»
Mulla spürte, dass sein Tun sich nicht ausgezahlt hatte, und glaubte, der wahre Schatz liege in dem, was er unterließ. Und wer könnte ihm das Gegenteil beweisen?

Als Nasruddin hundert Jahre alt geworden war, feierte er sein Jubiläum. Die Zeitungsreporter besuchten ihn und fragten: «Wenn du dein Leben noch einmal leben könntest, würdest du dann dieselben Sünden begehen?»
Nasruddin sagte: «Die ganz sicher, aber auch alle anderen, die ich nicht begangen habe. Das ist das Einzige, was ich anders machen würde. Ich habe in diesem Leben erst sehr spät begonnen,

Fehler zu machen. Wenn ich mein Leben nochmals leben könnte, würde ich früher damit anfangen.»

Darauf fragten sie ihn: «Was ist das Geheimnis deines langen Lebens?» Nasruddin sagte: «Ich habe erst zu trinken und zu rauchen angefangen, als ich zehn Jahre alt war, und vorher auch kein Mädchen angefasst. Davon abgesehen, sehe ich keinen anderen Grund für mein langes Leben. Aber wenn mir noch ein Leben vergönnt wäre, würde ich schon etwas früher damit beginnen.»

Die Erfahrungen, die man nicht machen konnte, bereut man. Was du bereits erlebt hast, weckt keine Sehnsucht mehr in dir, doch der Wunsch nach all dem, was dir verwehrt blieb, lebt in dir fort.

Die indischen Weisen waren sehr intelligente Leute. Sie sagten: «Sammle Energie an, bis du fünfundzwanzig bist. Bewahre sie in dir, damit du, wenn du dich den Freuden des Lebens hingibst, so voll geladen mit Energie bist, dass du in den tiefsten Grund der Leidenschaften hinabtauchen kannst. Nur dann vermagst du alles zu sehen, was die Welt dir bieten kann. Und wenn es Zeit wird, diesem Leben den Rücken zu kehren, wirst du kein Bedauern verspüren, wirst du dich nicht danach umdrehen.» Dies ist die Bedeutung von *Brahmacharyashrama*. Es meint nicht, dass jemand zölibatär leben sollte, um aus sich einen Heiligen zu machen, im Gegenteil. Er soll die Freuden des Lebens so total auskosten, dass ihm deren Nichtigkeit absolut klar wird. Nur dann wird wahre Heiligkeit geboren.

Nach dieser fünfundzwanzigjährigen Periode der *Brahmacharyashrama* kann man beginnen, die *Grihasthashrama*, das weltliche Leben, zu leben. Es war wirklich einzigartig, junge Menschen die ersten fünfundzwanzig Jahre ihres Lebens sorgfältig von der Welt der Leidenschaften fern zu halten und sie danach voller Freude für die nächsten fünfundzwanzig Jahre in diese Welt zu entlassen. Es waren sehr intelligente Menschen, die dieses System ersannen. Sie begriffen, dass sich zuerst Energie ansammeln und aufbauen muss.

Heutzutage gibt es im Westen wie im Osten nur sehr wenige Menschen, die wirklich sexuell befriedigt sind, obwohl Sex offener und leichter zugänglich ist als je zuvor. Trotzdem sind sehr wenige Menschen sexuell erfüllt. Der Grund dafür liegt darin, dass die Energie und Kraft für Sex bereits vergeudet wird, bevor sie sich überhaupt richtig aufbauen kann. Bevor die Frucht reift, beginnen die Wurzeln ihre nährenden Säfte zu verlieren. Der Frucht wird nicht erlaubt, wirklich reif zu werden. Unreife Früchte können nicht vom Baum fallen, reife Früchte fallen ganz von allein – selbst der Baum weiß nicht, wann sie sich losgelöst haben. Damit die Frucht reif wird, ist Nahrung nötig; damit Lebenserfahrung reifen kann, braucht es viel Energie.

Daher ist in den ersten fünfundzwanzig Lebensjahren alles darauf angelegt, Energie zu erzeugen und zu akkumulieren. Jeder Mensch kann ein Energiereservoir werden, kann aus seiner gesammelten Energie heraus vibrieren und der Welt mit seinem vollen Potenzial entgegentreten. Denkt daran: Je stärker jemand ist, desto eher wird er frei von Begehren sein; je schwächer er ist, desto länger wird es dauern, denn wer schwach ist, kann seine Leidenschaften nicht voll und ganz ausleben und sich daher zwangsläufig auch nicht davon befreien. Was man nicht vollends kennt und erfahren hat, kann man nicht loslassen. Solange die Menschen diese wohl durchdachten Unterteilungen des Menschenlebens nicht wieder akzeptieren, wird es ihnen nicht möglich sein, über ihre Leidenschaften hinauszuwachsen.

Der Weise sagt, dass der erste Lebensabschnitt des Lernens und der zweite der Lebenserfahrung einen Menschen etwa fünfzig Jahre kosten. Das ist die Zeit, wo seine Kinder ihre Lehrzeit beenden. Sie werden nun selbst etwa fünfundzwanzig Jahre alt sein. Wenn sie jetzt heiraten und anfangen, die Welt zu genießen, wirkt es lächerlich, wenn der Vater weiterhin Kinder zeugt. Wie kann er erwarten, dass seine Kinder ihn noch achten, wenn er weiterhin seinen Genüssen frönt, obwohl ja jetzt seine Kinder in diesen Lebensabschnitt eintreten? Wie kann er da von seinen Kindern Respekt und Vertrauen erwarten?

Also war es Tradition, dass an dem Tag, wo die Kinder nach Hause zurückkehren und heiraten, die Eltern in die dritte Phase übergehen, die *Vanaprasthashrama*. Das Spiel ist beendet. Wenn die Kinder in die Phase des Sich-Auslebens getreten sind, sollten die Eltern auf natürliche Weise in die Phase der Entsagung übergehen, sonst besteht kein Unterschied mehr zwischen Eltern und Kindern.

Im Alter von fünfzig Jahren wird ein Mann ein Vanaprastha, «einer, der sein Gesicht dem Wald zugewandt hat». Er geht noch nicht wirklich in die Wälder, denn die Kinder brauchen nach

Abschluss ihrer Lehrzeit Anleitung und sollen von der Lebenserfahrung ihres Vaters profitieren können. Das liegt in seiner Verantwortung. Wenn er sich zu diesem Zeitpunkt von der Welt abwendet, ist kein Wissenstransfer von einer Generation zur anderen möglich. Zu dieser Zeit sind die Kinder frisch vom Haus ihres Lehrers zurückgekehrt. Sie haben aus Worten und Schriften gelernt und sind voller jugendlicher Energie und Vorfreude auf das Leben nach Hause gekommen. Nun liegt es in der Verantwortung des Vaters, sie anzuleiten und ihnen beizubringen, was er in seinen fünfundzwanzig Jahren Familienleben erfahren hat. Vater und Mutter haben den Blick auf die Wälder gewandt und das Familienleben hinter sich, doch sie werden ihre Kinder noch weitere fünfundzwanzig Jahre anleiten und ihnen ihr Wissen weitergeben.

Wenn die Eltern fünfundsiebzig sind, werden die Enkel gerade aus der Schule entlassen. Nun braucht der Großvater nicht länger zu warten. Sein Kind, das inzwischen fünfzig geworden ist, wird jetzt die Führung übernehmen. Es ist ein reifer und erfahrener Mensch geworden und beginnt seine Erfahrung seinen eigenen Kindern weiterzugeben. Nun ist der Augenblick gekommen, Sannyas zu nehmen und in tiefer spiritueller Suche in die Wälder zu ziehen. Auf diese Weise schließt sich der Kreis.[19]

Das Alter hat seine eigene Würde. Wenn ein Mensch wirklich reif wird, hat das Alter eine eigene Schönheit, wie sie in einem jungen Menschen nie zu finden ist. In der Jugend liegt Spannung und Erregung, doch es fehlt ihr die heitere Gelassenheit, die Kühle des Mondes. In der Jugend ist alles in Eile, und Eile ist immer hässlich. Schönheit ist wie ein langsam fließender Strom. Die Jugend jedoch brennt darauf, etwas damit anzufangen. Jugend kann nie geistig stabil sein. Man sagt zwar, junge Menschen seien kerngesund, doch diese Gesundheit betrifft nur den Körper. Mental ist die Jugend in einem rastlosen Zustand. Nur ältere Menschen können geistig ausgeglichen sein, aber auch nur dann, wenn sie wirklich reif geworden sind. Dies bedeutet, dass jugendliche Begierden dein Denken nicht mehr besetzt halten. Andernfalls altert der Körper, während das Denken juvenil bleibt. Alte Leute sehen sehr hässlich aus, wenn ihr Körper alt und ihr Geist noch immer voller Rastlosigkeit ist.

Es ist bemerkenswert, dass Kinder und Jugendliche schön aussehen, alte Leute jedoch nicht mehr. Nur selten findet sich ein alter Mann, der wirklich schön aussieht. Rabindranath Tagore hat gesagt: «Wenn ein alter Mann durch ein an Erfahrung reiches Leben zur Schönheit des hohen Alters heranreift, ist sein weißes Haar wie gefrorener Schnee auf den Gipfeln des Himalajas – ruhig und friedlich berührt er zuoberst auf dem Gipfel fast den Himmel, und die Wolken neigen sich ehrfürchtig zu ihm nieder.» Wir haben solche alten Leute Gurus, Meister oder Lehrer genannt.[20]

Wenn man das Glücklichsein und das Unglücklichsein hinter sich weiß, wenn man genug hat von der Dualität, dann beginnt die Reise zur Glückseligkeit, dann beginnt man nach etwas Ewigem, etwas Unsterblichem zu suchen und zu forschen. Diese Suche hat im Osten Sannyas hervorgebracht. Der Osten ist viel älter als der Westen. Der Westen ist noch jung und findet daher noch immer Interesse am Spiel von Glück und Unglück. Der Osten ist zu alt dafür, er kennt all diese Spielchen und ihre Nichtigkeit. Sannyas ist der größte Beitrag des östlichen Bewusstseins an die Menschheit.[21]

Goldene Türme des Bewusstseins

Der Osten hat so

viele geheime

Schlüssel, doch

schon ein einziger

Schlüssel genügt,

um tausend

Schlösser zu

öffnen.

Indien ist das einzige Land der Welt, wo ein *Bhikshu* mehr gilt als ein Kaiser. Dieses Phänomen findet sich nirgendwo sonst auf der Welt, es zielt auf das Überirdische. Überall steht der Kaiser an erster Stelle. Indien ist das einzige Land, das dem Bhikshu einen höheren Rang eingeräumt hat.

Ein Kaiser steht auf dem Gipfel der Sinnesfreude, ein Bhikshu auf dem Gipfel der Entsagung. Ein Kaiser hat wie ein Besessener Dinge angehäuft, ein Bhikshu hat nichts anderes bewahrt als sich selbst. Ein Kaiser sammelt irdische Güter, ein Bhikshu befasst sich nur mit seiner Seele. Ein Kaiser hat sich in weltliche Belange verstrickt, ein Bhikshu dagegen befreit sich vom Materiellen, damit er in sich selbst eintreten kann. Ein Kaiser verfolgt weltliche Ziele, der Bhikshu ist auf seiner inneren Reise...

Wer ist ein Bhikshu? Einer, der ein wahrer Meister geworden ist. Wirklich besitzen kann man nur sich selbst, nicht andere. Solange jemand versucht, einen anderen zu versklaven, vergeudet er sein Leben. Es ist ein nutzloser Energieaufwand, der keinem Zweck dient, der zu nichts führt. Man schwächt sich nur damit, wird erschöpft, zerstört sich...

Mahaviras geht genau den umgekehrten Weg. Er sagt: Gib es auf, im Äußeren ein Meister zu sein. Es gibt eine Welt in deinem Innern zu entdecken, ein Kaiserreich, eine Weite, einen Himmel. Du bist ihr Meister, du beanspruchst sie für dich.[22]

Ashoka kommt mir in den Sinn, einer der größten Kaiser der Weltgeschichte. Ashoka hätte viel leichter ein Welteneroberer werden können als Alexander der Große. Er hatte weit größere Armeen, eine viel weiter entwickelte Technologie, viel mehr Reichtümer. Und er war auch tatsächlich auf dem Weg, die Welt zu erobern, doch der erste Sieg reichte ihm schon. Er eroberte das Gebiet, das heute den Staat Orissa bildet. In jenen Tagen wurde es «Land von Kalinga» genannt. Ashoka eroberte das Land von Kalinga. ❦ Massenweise mussten dabei Menschen niedergemetzelt und massakriert werden, denn die Bewohner dieses Landes waren eher bereit zu sterben als sich erobern zu lassen. Es zeigte sich bald, dass der Kampf bis zum letzten Mann währen und Ashoka Sieger über ein Heer von Leichen bleiben würde. Auf halbem Weg schrak er zurück. Er sah, was für ein Blutbad er angerichtet hatte, er sah auch, dass diese Menschen nie nachgeben würden. Entweder ein Leben in Frieden oder den Tod – etwas anderes gab es für sie nicht. Sie akzeptierten keine Form von Sklaverei. ❦ Als ihm das klar wurde, hielt er mitten in dem Gemetzel einen Moment inne und dachte nach: «Lohnt es sich wirklich? Was bringt es, all die mutigen Menschen zu töten und Herr über ein Land von Toten zu werden? Du wirst es Zeit deines Lebens bereuen, dass du so viele Leben ausgelöscht hast. Und nicht etwa das Leben von gewöhnlichen Leuten, sondern das Leben ungemein mutiger Menschen, die dich vor die Wahl gestellt haben: ‹Entweder wir leben in Freiheit, oder wir werden in Freiheit sterben. Sklaverei ist für uns inakzeptabel. Du magst ein großer König sein und viel Macht haben, doch wir selbst haben zumindest die Macht, zu sterben. Die kannst du uns nicht nehmen.›» ❧ Das Land war arm. Es war in keiner Weise vergleichbar mit Ashokas riesigem Reich. Ashokas Imperium war das größte, das Indien je gesehen hat – es umfasste Afghanistan, das heute ein eigenes Land ist, Pakistan, auch das ein eigenes Land, Sri Lanka, ebenfalls ein eigener Staat, Burma, Nepal, Bhutan, Sikkim, Ladakh... Indiens Landkarte war nie so groß wie zu Zeiten von Ashoka. ❧ Nur dieses kleine Land von Kalinga war unabhängig. Die Leute dort waren arm. Sie hatten keine Armee, keine Technologie, nur Mut – solchen Mut, dass ihnen nur zwei einfache Wahlmöglichkeiten blieben: «Wir werden in Freiheit leben oder in Freiheit sterben, etwas anderes kennen wir nicht.» ❧ Sie waren Ashoka ein Dorn im Auge. Er sah, wie frei diese Menschen seit Jahrhunderten gewesen waren, ohne eine Armee, mit ihrem Mut, ihrer Menschenwürde und ihrem Stolz als den einzigen Waffen. Das war eine echte Herausforderung für den großen Kaiser geworden, der sie hätte zerquetschen können wie eine Laus. Das halbe Land hatte er bereits niedergemetzelt. Doch dann trat plötzlich eine Wende in seinem Bewusstsein ein. Ashoka sah mit einem Mal, wie unsinnig das alles war. «Du zerstörst ein schönes, stolzes Volk. Du kannst das nur, weil du größere Armeen, mehr Waffen und bessere Pferde hast. Doch bessere Menschen als die, die du vernichtest, hast du nicht. Deine Leute sind bloß Handlanger, die kämpfen, weil sie dafür bezahlt werden. Die Gegner kämpfen ohne Waffen, ohne Pferde, nur weil sie die Freiheit lieben. Es ist hässlich, sie zu vernichten – du zerstörst ein einzigartiges Volk.» ❧ Er kehrte um. Seine Generale fragten: «Was ist los? Wir stehen kurz vor dem Sieg.» ❧ Ashoka sagte: «Das ist kein Sieg, das ist nichts anderes als Mord. Und ich bin kein Mörder. Wenn ich diese Menschen nicht lebendig erobern kann, will ich sie nicht erobern. Ich will nicht in der Geschichte als Eroberer von Leichen dastehen. Schlagt euch das aus dem Kopf.» ❧ Das Ganze war ein solcher Alptraum für Ashoka, dass sich etwas in ihm grundlegend wandelte. Als er seinen Palast erreichte, legte er seine Herrschaft nieder. Er sagte: «Was nützt mir dieses Imperium? Schluss damit! Schluss mit dem Erobern, Schluss mit den Invasionen. Und Schluss mit dem Reich!» ❧ Ashoka wurde ein Schüler von Gautama Buddha. Buddha war zweihundert Jahre zuvor gestorben, doch er lebte in seinen Schülern weiter. Seine erleuchteten Schüler gab es noch. Es war vielleicht die dritte oder vierte Generation, aber da waren Leute, die hatten dasselbe Aroma, dasselbe Charisma, denselben Zauber. ❧ Ashoka wurde ein Schüler Buddhas, entsagte der Welt und begann in seiner eigenen Hauptstadt wie ein Bettler zu leben und jeden Tag um Essen zu bitten.[23]

Auf der Suche nach dem ungeteilten Sein forschte das östliche Denken danach, was genau jenes innere Bewusstsein war, von dem die Mystiker, Heiligen und Weisen des Ostens gesprochen hatten, und warum sie den Körper als eine Illusion bezeichneten. Für uns scheint der Körper real zu sein, Bewusstsein dagegen nur ein vager Begriff. Doch weil alle Heiligen im Osten darauf beharrten, dass dieses Bewusstsein unsere eigentliche Wirklichkeit konstituiere, versuchte man herauszufinden, was genau damit gemeint war, bevor man sich für die eine oder die andere Seite entschied. Die natürliche Tendenz geht dahin, zugunsten des Körpers zu entscheiden, weil er da ist und bereits als wirklich erscheint.

Die Authentizität von Menschen wie Gautama Buddha und Mahavira ließ sich jedoch nicht abstreiten. Sie wirkten so lauter und echt, so präsent und eindrücklich, und ihre Worte waren so gebieterisch – kein Argument kam dagegen an, denn diese Menschen sprachen für sich selbst, sie hatten ihre eigene Gültigkeit.

Sie waren so voller Frieden und Freude, so entspannt, so furchtlos! Sie hatten alles, was man sich nur wünschen kann – und auf gewisse Weise hatten sie nichts. Unbestreitbar hatten sie in sich selbst eine Quelle, einen Schatz gefunden. Das ließ sich nicht so einfach widerlegen.

Es gab bei uns Menschen, die einen unbeschreiblichen Duft verströmten… Wir konnten ihre Rosenblüten nicht sehen, doch der Duft war so stark, dass der Osten sich nach innen wandte und dabei herausfand, dass die Seele viel wirklicher und der Körper bloß eine Erscheinung ist.

Man darf nicht vergessen, dass auch die moderne Wissenschaft zum Schluss gekommen ist, dass Materie illusorisch ist, dass Materie nicht wirklich existiert, sondern nur zu existieren scheint.[24]

Einen Meister aufzusuchen zählt zu den ältesten Traditionen im Osten. Westler, die in den Osten kommen, können oft nicht verstehen, was dabei geschieht. In Indien oder im Iran oder in Arabien reisen Leute Tausende von Meilen, um einem Meister zu begegnen – nur um ihn zu sehen. Sie wollen ihm keine Fragen stellen, sie machen sich einfach auf den Weg. Es ist eine lange, beschwerliche Reise. Manchmal gehen Leute Tausende von Meilen zu Fuß, nur um einen Blick auf den Meister werfen zu können.

Der westliche Verstand kann nicht begreifen, worum es da geht. Wenn man keine Fragen hat, wieso dann hingehen? Wozu das? Der westliche Verstand versteht es bestens, sich mit jemandem zu unterhalten, aber er hat vergessen, wie man bei jemandem weilt. Er versteht es zu fragen, aber hat vergessen, wie man trinkt. Er kennt den intellektuellen Zugang, er kennt nicht die Tür des Herzens – er weiß nicht, dass es einen Weg gibt, sich jenseits von Worten zu verbinden und zu beziehen, dass es einen Weg gibt, jenseits von Worten Anteil zu nehmen. Westler waren daher stets verblüfft, dass Menschen im Osten Tausende von Meilen zurücklegten, eine lange, beschwerliche und zuweilen auch gefährliche Reise unternahmen und schließlich zu einem Meister kamen, nur um seine Füße zu berühren und ihn um seinen Segen zu bitten. Dann gingen sie erfüllt und glücklich wieder zurück...

Seit Jahrhunderten kennt der Osten eine anders geartete Form, eine andere Qualität von Kommunikation – jene der Kommunion. Man kommt, berührt die Füße des Meisters, verneigt sich, schaut den Meister an, atmet die Luft ein, die ihn umgibt, sein Aroma, und fühlt sich erfüllt. Man ist hergekommen, um sich zu vergewissern, dass das Unmögliche möglich wird. Man hat gehört, dass es zu Buddhas Zeiten, zu Mohammeds Zeiten geschah, man hat von großen Meistern wie Abdul Aziz vernommen, hat eindrückliche Geschichten über sie gehört, und man will sehen, ob sie noch immer wahr sind, ob noch immer ein Buddha lebendig ist, ob es auch heute noch einen Menschen von der Qualität Mohammeds gibt, ob noch immer gültig ist, was in den Schriften geschrieben steht. Jeder Meister ist eine lebendige Bestätigung, ein neuer Zeuge für die ewige Wahrheit. Im Osten reisen die Leute und nehmen weite Wege auf sich, nur um mit eigenen Augen zu sehen. Gautama Buddha selbst kann man heute nicht mehr sehen; zweieinhalb Jahrtausende sind verstrichen, es ist Vergangenheit, es ist Teil der Geschichte, man kann nur noch darüber lesen. Krischna kann man heute nicht mehr sehen, er ist längst ein Mythos geworden. Im Osten jedoch wollen die Leute jemanden sehen, der wie ein Krischna oder ein Buddha oder ein Mohammed oder ein Christus ist. Sie wollen in diese Augen schauen, um wieder zuversichtlich darauf vertrauen zu können, dass dieses Wunder noch immer geschieht, dass Gott die Welt noch nicht verlassen hat, dass es nicht bloß eine Episode aus der Vergangenheit war.[25]

Du verspürst ein starkes und dringendes Bedürfnis, etwas zu tun, was du noch nie zuvor getan hast: nach deinem eigenen Selbst zu suchen. Du bist allen Verlockungen der Welt nachgerannt, und es hat zu nichts geführt. Alle Wege in der Welt gehen im Kreis herum, sie erreichen nie ein Ziel. Sie haben gar kein Ziel.

Hält man sich diese Langzeitperspektive vor Augen, beginnt einen all das Getue auf einmal anzuwidern – Liebesaffären, Streitigkeiten, Wut, Begierde, Eifersucht... Und zum ersten Mal denkt man: «Es ist Zeit, dass ich eine neue Dimension finde, wo ich niemandem mehr hinterherlaufe, wo ich nach Hause zurückkehre. In meinen unzähligen Leben habe ich mich zu weit davon entfernt.»

Dies ist die Grundlage der östlichen Weisheit. In dir kommt eine große Langeweile auf, was Leben und Tod und ihren ständigen Teufelskreis betrifft. Darin liegt die ursprüngliche Bedeutung von Samsara. Es bedeutet das Rad, das sich weiter und weiter dreht und kein Anhalten kennt. Du könntest aus ihm herausspringen, doch du klammerst dich daran fest.

Die Suche nach eurem eigenen Selbst ist das radikalste Mittel, um euch zur Vernunft zu bringen. Ihr habt genug herumgealbert. Schluss damit! Tut etwas, das ihr seit Jahrhunderten vermieden habt, das ihr immer wieder auf morgen verschoben habt.[26]

Zu Buddhas Zeiten lebte eine sehr schöne Frau mit Namen Amrapali. Sie war eine Prostituierte. Vor ihrem Palast standen Könige, Prinzen und schwerreiche Bürger Schlange. Es war sehr schwierig, Zutritt zu ihrem Palast zu erhalten. Amrapali war Sängerin, Musikerin und Tänzerin. ❧ Im Osten hat eine Prostituierte einen anderen Rang als im Westen. Im Westen ist sie einfach ein Sexualobjekt. Man geht zu einer Hure, das heißt, man nimmt sich eine Frau als Objekt, als Annehmlichkeit. Der Mann zahlt für sein sexuelles Vergnügen. ❧ Im Osten sind Prostituierte nicht einfach Sexobjekte. Es ist in der Tat gar nicht so leicht, eine Prostituierte zu bewegen, bloß Sexualobjekt zu sein. Das war besonders in früheren Zeiten so ... ❧ Diese Prinzen und Könige und Reichen waren schöne Menschen. Und sie alle hatten das Verlangen, Amrapali zu überreden, ihre Frau, ihre Königin zu werden. Doch sie verliebte sich in Gautama Buddha. ❧ Buddha kam nach Vaishali, die Stadt, wo Amrapali wohnte. Jeder, der Rang und Namen hatte, ging hin, um ihn zu empfangen. Der König war dort, der Ministerpräsident war dort, auch Amrapali kam in ihrem goldenen Wagen. Als sie Buddha erblickte ... ❧ Sie hatte in ihrem Leben so viele schöne Menschen gesehen, aber einen solchen Mann noch nie – so still, so heiter, so friedvoll, so entspannt, so in sich zu Hause. Er kam zu Fuß, er ging immer zu Fuß – doch wie er ging! Wie er die Stadt betrat! Welche Anmut! ... ❧ Amrapali fiel Buddha zu Füßen und sagte: «Initiiere mich als deine Schülerin. Gib mir Sannyas.»

Der Ministerpräsident, der König, die Prinzen und all die so genannten hohen Tiere trauten ihren Augen nicht. Buddha sagte zu Amrapali: «Es ist besser, wenn du dir das noch einmal über legst, Amrapali. Du bist jung, du bist schön. So viele Leute haben auf dich gewartet. Sie sind bereit, dir alles zu geben, was du dir wünschst. Du hast keinen von ihnen erhört. Ich bin ein armer Mann, ein Bettler, und wer mein Schüler werden will, muss auch ein Bettler werden. Denke nochmals darüber nach. Es ist ein beschwerliches Leben. Wir essen nur eine Mahlzeit am Tag, wir gehen zu Fuß – schaue dir meine Füße an! Überlege es dir gut.» ❧ Man erzählt sich, dass selbst Buddha ein Bedauern empfand, dieser Frau Sannyas zu geben, weil sie in solchem Luxus gelebt hatte, weil sie wie eine Blume war. Doch Amrapali erwiderte: «Ich weiß, dass sehr viele Männer auf mich warten, aber ich habe auf dich gewartet. Und das, was sie mir geben möchten, will ich nicht, und wäre es die ganze Welt. Ich will nichts davon! Ich folge dir gern mit nackten Füßen auf den staubigen Straßen nach. Ich würde mich glücklich schätzen, nur einmal am Tag zu essen. Ich bin bereit, eine Bettlerin zu sein. In deinem Schatten zu weilen ist mir genug.» ❧ Amrapali hatte ein sehr heidnisches Wesen, sie hatte ganz aus ihrem Instinkt heraus gelebt. Buddha gab ihr Sannyas, erlegte ihr jedoch keine Regeln auf. Das ist wichtig zu wissen. Er gab Tausenden Sannyas, aber Amrapali war die einzige Ausnahme. Sie erhielt keine Richtlinien, keine Verhaltensregeln. ❧ Buddha sagte: «Folge weiter deinem Weg. Du bist auf dem rechten Weg. Wärst du es nicht, so hättest du mich nicht gewählt. Ich habe nichts. Die ganze Welt liegt dir zu Füßen, und du wählst mich. Das ist Beweis genug, dass du bis jetzt auf dem rechten Weg gewesen bist. Bitte jetzt nicht um Führung, das würde dich nur ablenken. Folge einfach weiterhin deinem innersten Wesen.» ❧ Und Amrapali wurde an diesem Tag erleuchtet.[27]

Buddha nannte seine Sannyasins *Bhikshu* (in Pali, in seiner Sprache, hießen sie *Bhikkhu*). Damit machte er sich über uns lustig. Es ist eine höchst ironische Bezeichnung und nur als Witz zu verstehen, doch dieser Witz ist tiefgründig und ernst.

Buddha ging mit seiner Bettelschale in ein Dorf, um zu betteln. Der reichste Mann des Dorfes sagte: «Warum? So ein schöner Mann wie du!» – zu jener Zeit war Buddhas Körper wunderschön, es gab kaum jemanden, der ihm gleichkam – »Du gehst mit einer Bettelschale herum, dabei bist du es wert, ein König zu sein. Es kümmert mich nicht, wer du bist, was du bist, welcher Kaste, welcher Religion, welcher Familie du angehörst. Ich werde meine Tochter mit dir verheiraten, und du sollst alle meine Reichtümer besitzen, denn meine Tochter ist meine einzige Erbin.»

Buddha sagte: «Ich wünschte, es wäre wahr, dass ich ein Bettler und du der König bist. In Wahrheit ist es so, dass ich selbst die Bettelschale nahm, als ich sah, dass ihr alle Bettler seid, die sich für Meister halten. Angesichts dessen erschien es mir nicht richtig, mich als Meister zu bezeichnen. Ihr alle nennt euch Meister, und wir sind froh, uns Bettler zu nennen.

Denn in einer Welt, wo die Bettler glauben, sie seien Meister, ist es für die Meister angebracht, sich als Bettler auszugeben.

Das war etwas Einzigartiges. Auf der Welt hat es nur sehr wenige Könige gegeben, die so groß waren, dass sie es wagten, Bettler zu werden. Indien ist das einzige Land, wo Männer wie Buddha und Mahavira auf die Straße gingen, um zu betteln. Das weist auf innere Meisterschaft hin – und ist sehr sarkastisch gemeint, als ein großer Witz über uns Menschen.

Leute, die innerlich bloß eine Bettelschale mit sich herumtragen, sind von der Illusion befangen, Meister zu sein, während Menschen, die Begierden und Ambitionen hinter sich gelassen haben, mit einer Bettelschale auf die Straße gehen. Was für ein Schauspiel! Dahinter liegt eine sehr feine Ironie. Aber leider sind wir unfähig, die Ironie von Menschen wie Buddha zu verstehen.[28]

Jahrhundertelang ist Indien das Symbol für die innere Reise gewesen. Indien ist nicht nur ein politisches Gebilde, es ist ein spirituelles Phänomen. So weit wir zurückschauen können, sind Menschen aus aller Welt auf der Suche nach sich selbst nach Indien gekommen. Etwas liegt hier in der Luft, etwas schwingt mit, das uns beflügelt…

Ich reiste rund um die Welt und konnte den Unterschied feststellen. Vielleicht hat der östliche Genius auf seiner Jahrtausende währenden Suche nach der Seele eine gewisse Atmosphäre erzeugt. Wenn man im Osten meditiert, scheint es, als helfe alles mit: die Bäume, die Erde, die Luft. Wenn man in Amerika meditiert, muss man allein meditieren, von nirgendwo kommt Hilfe.[29]

Mir kommt eine Episode aus dem Leben Mahaviras, des wichtigsten Philosophen der Jaina, in den Sinn. Er geht mit seinem vertrauten Schüler Goshalak von einem Dorf zum andern. Sie diskutieren hin und her. Mahavira beharrt: «In deiner Verantwortlichkeit gegenüber der Existenz zeigt sich, wie viel von deiner authentischen Wirklichkeit du bereits erlangt hast. Wir können deine authentische Wirklichkeit nicht direkt sehen, sondern sie nur an deiner Verantwortlichkeit messen.» ❧ Unterwegs kommen sie an einem Pflänzchen vorbei. Goshalak ist ein Logiker. Er reißt die Pflanze aus und wirft sie weg – ein Pflänzchen mit schwachen Wurzeln. ❧ Mahavira sagte: «Genau das ist Verantwortungslosigkeit! Aber du kannst nicht gegen die Existenz handeln. Du kannst es zwar versuchen, doch es wird auf dich zurückfallen.» ❧ Goshalak erwiderte: «Was kann mir die Existenz schon anhaben? Ich habe diese Pflanze ausgerissen, und selbst die Existenz kann sie nicht wieder zum Leben erwecken.» ❧ Mahavira lachte. Sie gingen in die Stadt, wo sie um Nahrung bettelten. Nach dem Essen kehrten sie zurück. Welche Überraschung! Das Pflänzchen hatte wieder Wurzeln geschlagen. Während sie sich in der Stadt aufhielten, hatte es zu regnen begonnen, und die Würzelchen der Pflanze fanden mit Hilfe des Regens in die Erde zurück. Es waren sehr kleine Wurzeln, es war windig, und der Wind half der Pflanze, sich wieder aufzurichten. ❧ Nun stand die Pflanze wieder in ihrer normalen Position. Mahavira sagte: «Schau sie dir an! Ich sagte dir doch, du kannst nichts gegen die Existenz tun. Du kannst es versuchen, aber es wird sich gegen dich wenden, weil es dich noch mehr vom Leben entfernt, weil es dich ihm nicht näher bringt. Schau nur diese Pflanze an! Niemand hätte gedacht, dass so etwas geschehen könnte, dass Regen und Wind es schaffen würden, das Pflänzchen wieder in der Erde zu verwurzeln. Es wird sein Leben weiterleben. ❧ Uns erscheint es als kleines Pflänzchen, aber es ist Teil eines weiten Universums, Teil einer weiten Existenz, Teil der höchsten Macht.» ❧ Und Mahavira sagte zu Goshalak: «Hier trennen sich unsere Wege. Ich kann nicht zulassen, dass ein Mann mit mir lebt, der gegen die Existenz handelt und keine Verantwortlichkeit fühlt.» ❧ Mahaviras Philosophie der Gewaltlosigkeit lässt sich besser als Philosophie der Achtung vor dem Leben bezeichnen. Gewaltlosigkeit ist nur ein Teil davon. ❧ Genau so wird es auch euch ergehen. Je mehr ihr euch findet, desto mehr werdet ihr euch für viele Dinge verantwortlich fühlen, um die ihr euch vorher nie gekümmert habt. Lasst das zum Kriterium werden: Je mehr ihr euch für Menschen, für Dinge, für die Existenz verantwortlich fühlt, desto mehr könnt ihr darauf vertrauen, dass ihr auf dem richtigen Weg seid.[30]

Wenn ein Mensch wie Mahavira nackt wird, so ist das keine spirituelle Übung. Es ist sehr wichtig, das genau zu verstehen. Mahavira war ein König. Er verteilte all seinen Besitz, sein Land, sein Geld. Alles, was er hatte, verteilte er unter die Massen, gab er den Leuten. Nur mit einem Umhang bekleidet, verließ er die Stadt. ❧ Als er gerade weggehen wollte, traf er einen verkrüppelten Bettler, der versuchte, in die Stadt zu gelangen, weil er gehört hatte, dass Mahavira seinen Besitz verteilen wollte. Aber weil er keine Beine hatte und sich langsam am Boden dahinschleppte, kam er zu spät und traf Mahavira erst, als dieser die Stadt verließ. ❧ Er sagte zu Mahavira: «Ich wollte kommen, aber ich habe keine Beine mehr, darum war ich nicht rechtzeitig da. Du gehst, und der ärmste Mann in deinem Reich hat nichts erhalten!» ❧ Mahavira erwiderte: «Ich habe nichts mehr außer diesem Umhang.

Aber er ist mit Diamanten besetzt und sehr kostbar.» Er riss ihn entzwei und gab die eine Hälfte dem Bettler. «Das wird für dein ganzes Leben reichen. Und ich werde mit der anderen Hälfte schon auskommen.» Er schlang sich das verbleibende Stück wie ein Wickeltuch um. ❧ Als Mahavira den Wald betrat, verfing sich seine Hälfte des Umhangs in einem Rosenstrauch. Plötzlich wurde ihm bewusst, dass er nackt war. Er wollte das Tuch von den Dornen lösen, doch dann dachte er sich: «Wozu eigentlich? Früher oder später werde ich diesen Umhang ja doch verlieren. Er ist so kostbar, dass ich sogar im Schlaf darauf aufpassen muss. Es ist besser, der Rosenstrauch hat sich seinen Anteil genommen und mich ganz befreit. Jetzt habe ich nichts mehr zu befürchten. Nichts kann mir mehr gestohlen werden. Ich bin wieder genau so, wie ich geboren wurde.» ❧ Dies ist keine spirituelle Übung, dies ist pures Verständnis! [31]

Yoga ist reinste Wissenschaft, und in der Welt des Yoga strahlt der Name von Patanjali am hellsten. Dieser Mann ist einzigartig. Kein anderer reicht an ihn heran. Zum ersten Mal in der Geschichte der Menschheit wurde die Religion in den Rang einer Wissenschaft erhoben. Er machte Religion zu einer Wissenschaft mit klaren Gesetzen. Es braucht dazu keinen Glauben.

Patanjali ist wie ein Einstein in der Welt der Buddhas. Er ist ein Phänomen. Er hat dieselbe Haltung wie Einstein, denselben streng wissenschaftlichen Ansatz. Er ist kein Poet wie Krischna, er ist kein Moralist wie Mahavira. Patanjali ist im Grunde seines Wesens ein Wissenschaftler, der in Form von Gesetzen denkt. Es gelang ihm, die absoluten Gesetze des menschlichen Wesens, die grundlegende Funktionsweise des menschlichen Denkens und der Wirklichkeit abzuleiten.

Wenn ihr Patanjali folgt, werdet ihr erkennen, dass seine Methoden so exakt wie eine mathematische Formel funktionieren. Tut einfach, was er sagt, und das Ergebnis wird sich von selbst einstellen. Es muss sich einstellen, so wie zwei mal zwei gleich vier ist, so wie Wasser verdampft, wenn man es auf hundert Grad erhitzt. Es braucht dazu keinen Glauben. Ihr tut es einfach und wisst, dass es so ist. Das ist der Grund, warum ich Patanjali unvergleichlich finde. Auf dieser Erde war keiner wie er.[32]

Man erzählt sich eine sehr schöne Geschichte über Meera, eine große Mystikerin Indiens. Sie war eine verrückte Bhakta, eine wirklich verrückte Anhängerin, erfüllt von einer überwältigenden Ekstase und Liebe für Gott. Sie war eine Königin, doch dann begann sie auf der Straße zu tanzen. Ihre Familie verstieß sie, versuchte sogar sie zu vergiften – ihre eigene Familie! –, denn sie war ein Schandfleck für das Königshaus. Ihr Mann schämte sich sehr, das Ganze war ihm höchst peinlich. Das ist verständlich, denn die Geschichte spielt in einem der traditionsreichsten Teile dieses Landes, in Rajasthan, wo jahrhundertelang niemand das unverschleierte Gesicht einer Frau gesehen hatte, da die Frauen es stets bedeckt hielten. Selbst ein Ehemann wäre womöglich gar nicht imstande gewesen, seine Frau bei Tageslicht zu erkennen, denn sie begegneten sich nur in der Nacht, wenn es dunkel war. In jenen Tagen also, in so einem rückständigen Klima, in so einem stupiden Umfeld begann die Königin auf der Straße zu tanzen! Alles lief herbei. Sie war so trunken vom Göttlichen, dass ihr Sari hinunterglitt und ihr Gesicht und ihre Hände enthüllte. Ihre Familie war schockiert! Und Meera sang wunderschöne Lieder, so schön, wie sie in der ganzen Welt noch nie gesungen worden waren, denn sie kamen aus ihrem innersten Herzen. Sie waren nicht komponiert, es waren spontane Herzensergüsse. Sie war eine Anhängerin von Krischna. Sie liebte Krischna. Sie sagte zu ihrem Mann: «Glaube ja nicht, dass du noch mein Mann bist! Mein Mann ist Krischna. Du bist nicht mein Mann, du bist nur ein jämmerlicher Ersatz.» ❧ Der König war wütend. Er verstieß sie aus seinem Reich. Es war ihr verboten, das Land zu betreten. Sie ging nach Mathura, wo Krischna besonders verehrt wurde. Krischna war vor Jahrtausenden gestorben, doch für Meera war er so lebendig wie eh und je. Das ist das Mysterium der Liebe – sie transzendiert die Grenzen von Zeit und Raum. Krischna existierte nicht bloß in ihrer Vorstellung, er war Realität. Sie sprach mit ihm, sie schlief mit ihm, sie umarmte und küsste ihn. Niemand sonst konnte Krischna sehen, doch sie war seiner immer gewahr. ❧ Krischna verkörperte für sie den eigentlichen Geist der Existenz, das, was Buddha Dhamma nennt, «das Gesetz». «Das Gesetz» ist die männliche Formulierung, der männliche Ausdruck dafür. Meera nennt Krischna «Mein Geliebter» – nicht Gesetz, sondern Geliebter! So spricht das weibliche Herz. ❧ Sie erreichte Mathura. Dort liegt einer der größten Tempel Krischnas. Der Oberpriester jenes Tempels hatte ein Gelübde abgelegt, dass er in seinem Leben keine Frau ansehen würde. Dreißig Jahre lang hatte er keine Frau gesehen. Keine Frau durfte den Tempel betreten, und er selbst hatte den Tempel nie verlassen. ❧ Als Meera dort ankam, tanzte sie am Tempeltor. Die Wachen waren so verzaubert, so magnetisiert von ihr, dass sie vergaßen, sie am Eintreten zu hindern. Sie war die erste Frau seit dreißig Jahren, die den Tempel betrat. ❧ Der Oberpriester vollzog gerade seine Andacht vor Krischna. Als er Meera erblickte, wollte er seinen Augen nicht trauen. Er war wie von Sinnen! «Raus hier, Frau! Raus mit dir!» schrie er Meera an. «Weißt du nicht, dass keine Frau den Tempel betreten darf?» ❧ Meera lachte und sagte: «Soviel ich weiß, ist jeder eine Frau außer Gott – du auch! Glaubst du noch immer ein Mann zu sein, nachdem du dreißig Jahre lang Krischna angebetet hast?» ❧ Dem Oberpriester fiel es wie Schuppen von den Augen. Er fiel Meera zu Füßen und sagte: «So etwas hat noch keiner je gesagt. Aber ich kann es sehen, ich kann es fühlen – es ist die Wahrheit!» ❧ Wenn du dem Weg der Liebe oder dem Weg der Meditation folgst, wirst du auf dem höchsten Gipfel weiblich werden… ❧ Buddha und Laotse und all die andern Erleuchteten erscheinen euch sehr weiblich, denn ihr kennt sie nur, nachdem sie den höchsten Gipfel erreicht haben. Ihren Weg, ihre Reise kennt ihr nicht. Ihre Reise war männlich, nicht weiblich.[33]

Unter den Anhängern von Krischna steht Chaitanyas Name an erster Stelle. ❧ Der zusammengesetzte Begriff *Achintya bhedabhedavad* enthält ein sehr kostbares Wort, das Wort «Achintya», «das Undenkbare». Wer über das Verhältnis von Geist und Materie nachdenkt, wird entweder sagen, dass sie *bhed*, das heißt getrennt sind, oder aber *abhed*, also nicht getrennt, ein und dasselbe. Chaitanya sagt, sie seien beides, eins und getrennt zugleich... ❧ Doch auch diese Feststellung liegt noch immer im Bereich des Denkens. Man kann gedanklich ohne weiteres zum Schluss kommen, dass die Welle und der Ozean verschieden sind und gleichzeitig ein und dasselbe. Aber Chaitanya fügt ein weiteres Wort hinzu, eine neue Dimension: Achintya, undenkbar. Dieses Wort ist höchst bedeutsam. Chaitanya sagt: Falls man durch Denken zu der Erkenntnis kommt, dass die Welt und Gott, Materie und Geist, sowohl getrennt als auch untrennbar sind, ist diese Einsicht wertlos – es ist nur eine Idee, nur ein Konzept, nur eine Theorie. Wenn ein Suchender jedoch ohne Denken, ohne Worte zu dieser Einsicht gelangt, wenn er es in einem Zustand des Nicht-Denkens erkennt, dann ist es zu seiner Erfahrung geworden. Dann hat es Wert, dann ist es authentisch und großartig... ❧ Wenn Chaitanya sagt, dieses «Sowohl als auch» sei undenkbar, so sagt er mehr, als man auf den ersten Blick meinen könnte. Auch Meera könnte sagen, es sei undenkbar, aber das genaue Denken war nicht ihre Stärke, sie war durch und durch eine Frau des Gefühls. Chaitanya hingegen war ein großer Logiker und bekannt für seinen scharfen Verstand und seine brillanten Schlussfolgerungen. Er hatte die höchsten Stufen des Denkens erklommen. Die brahmanischen Gelehrten hatten Angst, sich auf eine Diskussion mit ihm einzulassen. Im Debattieren war er einsame Spitze, er hatte in philosophischen Diskussionen einen Sieg nach dem anderen davongetragen. ❧ Ein so rationaler Intellektueller, der sich sein Leben lang mit Haarspaltereien beim Interpretieren von Wörtern und Begriffen vergnügt hatte, zog eines Tages singend und tanzend durch die Straßen von Navadeep. Meera dagegen hatte sich nie etwas aus pedantischer Genauigkeit und aus Schriften gemacht, sie hatte mit Logik nichts am Hut. Sie war eine Liebende ... ❧ Chaitanya war das pure Gegenteil. Er war kein Mann der Liebe, und doch wandte er sich schließlich der Liebe und der Hingabe zu. Diese Kehrtwendung um hundertachtzig Grad in seinem Leben war ein kleines Wunder und demonstriert den Sieg der Liebe über die Logik. Er hatte alle seine Zeitgenossen mit seiner Logik besiegt, doch was ihn selbst betraf, hielt er sie für eine Disziplin, die sich letztlich selbst besiegte. Er kam an den Punkt, wo der Verstand kapitulierte und die Liebe und das Leben triumphierten. Nur das Leben und die Liebe führen über diesen Punkt hinaus. ❧ Das ist für mich der Grund, warum unter allen, die den Weg Krischnas gingen, Chaitanya unvergleichlich und außergewöhnlich war ... ❧ Es ist kaum zu glauben, dass ein so durch und durch logischer Mensch wie Chaitanya von seinem Elfenbeinturm heruntersteigen, eine Trommel in die Hände nehmen und auf dem Marktplatz singen und tanzen konnte. Könnt ihr euch vorstellen, dass Bertrand Russell durch die Straßen von London tanzt? Chaitanya war wie Russell – mit jeder Faser ein Intellektueller. Und genau deshalb hat seine Feststellung, dass die Wirklichkeit undenkbar sei, so viel Gewicht. Er traf diese Feststellung nicht mit Worten, sondern mit einer Trommel in den Händen, während er tanzend und singend durch die Straßen der Stadt zog, die ihn wegen seiner überragenden Gelehrsamkeit in hohen Ehren hielt. Auf diese Weise entsagt er dem Verstand, entsagt er dem Denken und verkündet: «Die Wirklichkeit liegt jenseits des Denkens, sie ist undenkbar.» ❧ Chaitanyas Beispiel demonstriert, dass man das Denken nur transzendieren kann, wenn man sich zuerst zutiefst darauf eingelassen und es durch und durch erforscht hat. Dann kommt man unweigerlich an den Punkt, wo das Denken endet und das Undenkbare beginnt. ❧ Eine Feststellung wie diese wird an der letzten Grenze des Verstandes geboren.[34]

Chaitanya gelangte singend und tanzend zur höchsten Wahrheit. Er erreichte im Tanzen genau dasselbe, was Buddha und Mahavira durch Meditation, durch die Stille erreicht hatten.

Es gibt zwei Wege, um zur Achse, zur Mitte, zum Höchsten zu gelangen. Der eine Weg besteht darin, so beständig und still zu sein, bis nicht mehr das geringste Hin und Her in dir ist und du geradewegs ins Zentrum gelangst. Der andere Weg verläuft genau umgekehrt: Du kommst in eine so ungeheuer starke Bewegung, dass das Rad sich mit Höchstgeschwindigkeit dreht und dadurch die Achse sichtbar und erkennbar wird. Dieser zweite Weg ist leichter als der erste.

Es ist leicht, die Achse zu erkennen, wenn das Rad in Bewegung ist. Während Mahavira sie durch Stille, durch Meditation kennenlernt, erkennt Krischna sie durch Tanzen. Und Chaitanya übertrifft sogar Krischna beim Tanzen. Sein Tanz ist einzigartig und unvergleichlich. Vermutlich hat kein anderer Mensch auf dieser Welt so viel getanzt wie Chaitanya. Dies ist ein gutes Beispiel, um sich daran zu erinnern, dass der Mensch sowohl eine Peripherie als auch einen Mittelpunkt hat. Während seine Peripherie, sein Körper, sich stets bewegt und verändert, ist sein Mittelpunkt, seine Seele, still und ruhig – sie ist ewig.[35]

Der Begriff *Guru* ist durch und durch östlich; das Wort lässt sich nicht genau übersetzen. Wenn wir es mit «Meister» übersetzen, geht viel von seiner Bedeutung verloren, denn Meister bedeutet Lehrer. Der Guru ist kein Lehrer. Im westlichen Bewusstsein hat so etwas wie der Guru nie existiert. Es ist ein Phänomen des Ostens, es ist grundsätzlich östlich. Das gilt es zu verstehen.

Wir nennen einen Menschen, der dir die Wahrheit vermitteln kann, Guru. Nicht dass er sie dir beibringen könnte – man kann Wahrheit nicht lehren, man kann sie nur einfangen. Der Guru ist ein Mensch, dessen Präsenz dir helfen kann, sie zu fangen … ein Katalysator. In Wirklichkeit tut er rein gar nichts; er ist nicht aktiv. Jemand wird zum Guru, wenn er ganz und gar inaktiv geworden ist, wenn er nicht mehr ein Mann der Tat ist, wenn das Ego wegfällt, wenn er absolut passiv ist, wenn sich nicht der kleinste Hauch von Begehren mehr in ihm rührt. Wenn kein Begehren mehr da ist, kann auch kein Tun mehr da sein – jedes Tun benötigt einen Antrieb, jedes Tun benötigt jemanden, der handelt.

Ein Meister oder *Guru* ist ein Nichts, ein Niemand. Doch diese Qualität, ein Niemand zu sein, ermöglicht es dem Unendlichen zu fließen. Durch seine Leere kann das Ganze zu fluten beginnen. Der *Guru* ist ein Mensch, in dessen Gegenwart man die Wahrheit einfangen kann.

Es hängt viel vom Schüler ab, denn der Guru tut nichts. Er ist einfach da, wie eine Flamme. Wenn du deine Augen öffnest, füllen sie sich mit Licht. Auch wenn du deine Augen zukneifst, ist die Flamme da. Sie ist nicht aggressiv, sie klopft nicht an dein Augenlid und sagt: «Mache die Augen auf!» Sie sagt gar nichts. Sie ist einfach da, sie mischt sich nicht ein.

Wenn du die Augen öffnest, wirst du ein Empfangender. Wenn du die Augen nicht öffnest, verpasst du es.[36]

Krischna ist völlig unvergleichlich. Er ist einzigartig. Seine Einzigartigkeit liegt darin begründet, dass er der Zukunft angehört, obwohl er in ferner Vergangenheit lebte. In Wirklichkeit ist er ein Mensch von morgen. Erst wenn man zu jenen Höhen hinaufwächst, kann man ein Zeitgenosse Krischnas werden …

Krischna hat als einziger Mensch in unserer ganzen Geschichte die höchsten Höhen und tiefsten Tiefen des Bewusstseins erreicht, ohne dabei ernst, traurig oder betrübt zu sein. Im Allgemeinen galt es als das Hauptmerkmal eines religiösen Menschen, finster, ernst und traurig auszusehen, wie einer, der im Lebenskampf besiegt worden war, wie einer, der vor dem Leben davonläuft. In der langen Reihe der Weisen kommt einzig Krischna tanzend, singend und lachend daher.

Bisher waren alle Religionen lebensfeindlich und masochistisch. Sie lehrten, dass Sorgen und Leiden große Tugenden seien. Eine lachende Religion, eine Religion, die das Leben in seiner Totalität akzeptiert, muss erst noch geboren werden. Und es ist gut, dass die alten Religionen tot sind und mit ihnen auch der alte Gott, der Gott unserer alten Glaubensvorstellungen gestorben ist. Bis jetzt haben alle Religionen das Leben in zwei Teile geteilt, und während sie den einen Teil bejahen, verneinen sie den andern. Krischna allein bejaht das Leben als Ganzes. Die Bejahung des Lebens in seiner Totalität ist in Krischna zu höchsten Höhen gelangt.[37]

In Maharashtra gibt es einen Tempel, der als eine der heiligsten Stätten Indiens gilt. Er wird Vithoba-Tempel genannt. Vithoba ist einer von Krischnas Namen. Man erzählt sich, dass ein Anhänger Krischnas so meditativ wurde, dass Krischna ihn aufsuchen musste. Als er ankam, massierte der Mann gerade die Füße seiner Mutter. Krischna klopfte an. Die Tür war offen, so trat er ein und setzte sich hinter den Andächtigen. Der hatte viele Leben lang innigst und unter Tränen gebeten, Krischna möge doch zu ihm kommen. Jetzt hätte er nur den Kopf zu drehen brauchen, und sein Wunsch wäre in Erfüllung gegangen. Krischna sagte: «Schau, ich bin da. Schau mich an!» Aber Krischna war zum falschen Zeitpunkt gekommen, denn der Jünger massierte gerade seiner Mutter die Füße. «Warte!» erwiderte er. Er saß auf einem kleinen Backstein, den zog er hervor, schob ihn hinter sich und bat Krischna, sich zu setzen.
Er drehte sich nicht um, um ihn anzuschauen, ihn willkommen zu heißen und ihm zu danken.
Krischna stand auf diesem Backstein und wartete die ganze Nacht, denn die Mutter konnte nicht einschlafen. Sie lag im Sterben, und ihr Sohn wollte sie nicht allein lassen. Gott konnte warten. Der Morgen kam, und die Stadt erwachte allmählich. Krischna sorgte sich, dass andere Leute ihn erblicken könnten, und so wurde er zu einer Statue.
Diese Statue befindet sich dort im Vithoba-Tempel. Krischna steht auf einem Backstein und wartet auf seinen Jünger, der sich nie umdrehte. Die Geschichte ist einmalig! In diesen tiefsten Augenblicken der Entsagung, als nicht einmal der Wunsch in ihm aufkam, Gott zu erblicken, wurde der Andächtige erleuchtet.[38]

Ramakrishna lag im Sterben. Wenn ein Mann in Indien stirbt, muss seine Frau ihre Armreifen zerbrechen, all ihren Schmuck ablegen, sich den Kopf kahl rasieren und darf nur noch weiße Saris tragen. Eine lebenslange Trauer, eine lebenslange Verzweiflung, eine lebenslange Einsamkeit beginnt. Doch als Ramakrishna starb – das war erst im vorigen Jahrhundert –, weigerte sich Sharda, seine Frau, der zehntausend Jahre alten Tradition zu folgen. ❧ Sie sagte: «Ramakrishna kann nicht sterben, wenigstens nicht für mich. Für euch mag er gestorben sein; für mich ist das unmöglich, denn sein physischer Körper war schon seit langem unwesentlich. Seine Präsenz, sein Wesen, sein Duft sind Wirklichkeit geworden und sind noch immer um mich herum. Und solange sie da sind, werde ich weder meine Armreifen zerbrechen noch mein Haar schneiden noch sonst etwas tun, denn für mich ist Ramakrishna noch immer lebendig.» ❧ Die Leute glaubten, sie sei übergeschnappt. Der Schock war zu groß gewesen. Und keine einzige Träne! Selbst als Ramakrishnas Leichnam zur Verbrennungsstätte geführt wurde, kam sie nicht aus dem Haus. Sie bereitete das Essen für Ramakrishna zu. Ihr Mann war tot, sein Leichnam war zum Krematorium überführt worden, aber sie bereitete das Mittagessen zu, als ob nichts geschehen wäre, denn um diese Zeit aß er gewöhnlich. ❧ Jemand sagte zu ihr: «Sharda, bist du wahnsinnig? Sie haben seinen Leichnam weggebracht.» ❧ Sie lachte und sagte: «Sie haben seinen Leichnam weggebracht, aber nicht seine Präsenz; die ist ein Teil meines Wesens geworden. Ich bin nicht verrückt. Sein Tod gab mir die Gelegenheit, zu erkennen, ob seine Lehre in mein Herz gedrungen ist oder nicht.» ❧ Sie lebte noch viele Jahre, und jeden Tag vollzog sie dieselbe Routine. Zweimal täglich bereitete sie das Essen zu, und weil eine richtige alte Hindu-Ehefrau neben ihrem Mann sitzt, während er isst, und ihm Kühlung zufächelt, fächelte sie einem leeren Platz Kühlung zu. Kein Ramakrishna saß dort, zumindest für die, die nur das Materielle sehen können. Und sie schwatzte und erzählte den neuesten Klatsch aus der Nachbarschaft, wie sie es schon immer getan hatte. Am Abend wiederholte sich das Ganze. In der Nacht bereitete sie sein Bett, kümmerte sich um das Moskitonetz, berührte seine Füße, die nur ihr und sonst niemandem sichtbar waren, löschte das Licht und ging schlafen. ❧ Und am Morgen kam sie und weckte ihn mit denselben Worten auf wie immer: «Paramahansadeva, steh auf! Es ist Zeit. Deine Schüler versammeln sich draußen, und du musst dich vorbereiten. Nimm ein Bad, trinke eine Tasse Tee.» Allmählich begannen die Leute, die mehr im Herzen als im Kopf lebten, zu fühlen, dass Sharda keine Symptome von Verrücktheit zeigte. Im Gegenteil! ❧ Sie hatte immer im Schatten von Ramakrishna gestanden, niemand schenkte ihr Beachtung. Doch jetzt war Ramakrishna tot, und sie war seine älteste Gefährtin. Man begann sie um Rat zu fragen, und ihr Rat war in jeder Hinsicht zutreffend. Sie konnte unmöglich verrückt sein. ❧ Doch was Ramakrishna betraf, so verspürte sie weiterhin seine Präsenz, bis zum letzten Atemzug. Vor ihrem Tod begann sie ein einziges Mal zu weinen. Jemand fragte sie: «Du hast nicht geweint, als Ramakrishna starb. Wieso weinst du jetzt?» ❧ Sie sagte: «Ich weine, weil nun keiner mehr da ist, der sich um ihn kümmert. Wer wird sein Essen zubereiten? Niemand weiß, was er gern isst und was nicht. Und wer wird jetzt sein Bett machen? Hier hat es so viele Mücken, dass der alte Mann die ganze Nacht leiden muss, wenn das Moskitonetz nicht ordentlich gerichtet wird. Ich liege im Sterben, ich werde nicht mehr für ihn da sein. Und ihr alle denkt, er sei tot. Auf euch kann ich mich nicht verlassen.» ❧

So fühlt ein stilles, wartendes Herz. Selbst der Tod macht da keinen Unterschied, schafft keine Entfremdung.[39]

Man erzählt sich, dass die Bäume außerhalb ihrer Zeit zu blühen begannen, als Buddha erleuchtet wurde. Dies ist wohl keine wissenschaftliche Tatsache – vielleicht haben sie nicht wirklich geblüht. Eine Feststellung braucht jedoch nicht wissenschaftlich zu sein, um wahr zu sein, sie braucht auch nicht historisch verbürgt zu sein. Es gibt verschiedenste Ebenen von Wahrheit. Auch in einer poetischen Feststellung liegt eine gewisse Qualität von Wahrheit, eine poetische Wahrheit. Sie ist nicht historisch, sie ist nicht wissenschaftlich, und doch ist sie wahr. Und eine poetische Wahrheit steht auf einer höheren Stufe als alle wissenschaftlichen Wahrheiten, denn diese verändern sich dauernd. Eine poetische Wahrheit ist ewig. Mit wissenschaftlicher Wahrheit sind mehr oder weniger Tatsachen gemeint. Eine poetische Wahrheit ist keine Tatsache, aber sie ist von tiefer Bedeutung, sie macht Sinn. Sie ist ein Mythos.[40]

Von Mahavira wird berichtet, dass er nackt, ohne Kleider, ohne Schuhe von einem Dorf zum anderen wanderte, und manchmal, wenn Dornen auf seinem Weg lagen, drehten sie sich sofort weg, um seine Füße nicht zu verletzen. Die Dornen mögen das nicht wirklich getan haben, das wäre zu viel verlangt von ihnen – sogar von Menschen wäre es zu viel verlangt. Doch diese Vorstellung ist trotzdem bedeutsam, denn sie zeigt an, dass alles zusammenhängt und zusammengehört. Auch Dornen sind ein Teil von uns und wir ein Teil der Dornen; auch Blumen sind ein Teil von uns und wir ein Teil der Blumen. Wir sind eine Familie. Wir sind nicht Fremde, wir sind keine vereinzelten Inseln. *Wir* sind ein weiter Erdteil von miteinander verbundenen Wesen …[41]

Der Duft des Ostens

Die gesamte

Geschichte Indiens

ist eine Geschichte

der Gewaltlosigkeit.

Kein anderes Land

der Erde verkörpert

das Weibliche so

wie Indien.

Genug der Gelehrsamkeit! Verstandeswissen ist höchst unzulänglich. Gelehrsamkeit kann die modene Wissenschaft nicht mit der Mystik verknüpfen. Wir brauchen Buddhas, nicht Menschen, die etwas über Buddha wissen. Wir brauchen Meditierende, Liebende, Erfahrende. Dann wird die Zeit reif sein, dann wird der Tag kommen, wo Wissenschaft und Religion sich begegnen und vermischen, wo wir sie miteinander verschmelzen können. Dieser Tag wird einer der Höhepunkte in der ganzen Menschheitsgeschichte sein, denn von da an wird die Schizophrenie einer gespaltenen Menschheit aus der Welt verschwinden. Dann werden wir nicht mehr zwei getrennte Bereiche haben, Wissenschaft und Religion.

Für die äußere Welt wird wissenschaftliche Methodologie angewandt, für die innere Welt religiöse Methodologie. «Mystik» ist ein schönes Wort. Für diese eine Wissenschaft oder Religion, wie immer man es nennen will, wäre Mystik eine schöne Bezeichnung. Dann wird die Wissenschaft nach dem äußeren Mysterium suchen und die Religion nach dem inneren Mysterium. Sie werden die beiden Flügel der Mystik bilden.

Und mit dieser Synthese werden viele weitere wie von selbst erfolgen. Wenn sich Wissenschaft und Religion in der Mystik begegnen können, können sich beispielsweise auch Osten und Westen begegnen, Mann und Frau, Poesie und Prosa, Logik und Liebe. Schicht um Schicht können Begegnungen stattfinden. Und wenn das geschehen ist, werden wir einen neuen Menschen vor uns haben, vollkommener, ganzheitlicher und ausgeglichener.[42]

Die größten Mystiker der Welt waren oft auch die größten Logiker. Shankara oder Nagarjuna waren große Logiker und dennoch unlogisch. Sie gehen bis an die Grenzen der Logik und machen dann plötzlich einen Quantensprung. Sie sagen: «Bis zu diesem Punkt hilft Logik weiter, danach muss sie passen.»

Wenn du mit Shankara streiten willst, besiegt er dich leicht. Shankara reiste in ganz Indien herum und besiegte Tausende von Gelehrten. Sein einziger Lebenszweck bestand darin, andere zu besiegen. Und dennoch war er sehr unlogisch. Am Morgen argumentierte er noch so logisch, dass die größten Denker neben ihm dumm aussahen, und am Abend fand man ihn im Tempel betend und tanzend und weinend und schluchzend wie ein Kind. Unglaublich!

Shankara hat eines der schönsten Gebete geschrieben. Jemand fragte ihn: «Wie kannst du so schöne Gebete schreiben, du, ein so logischer Mensch? Wie kannst du so emotional werden und weinen und schluchzen und in Tränen ausbrechen?» Shankara erwiderte: «Meine Intuition spricht nicht gegen meine Logik, sie reicht über die Logik hinaus. Meine Logik hat gewisse Funktionen zu erfüllen. Ich folge ihr, ich folge ihr von ganzem Herzen. Doch dann kommt der Augenblick, wo sie nicht mehr weiterführt... Dann muss ich sie transzendieren.» [43]

Ich möchte euch von einer Begebenheit im Leben von Rabindranath Tagore erzählen. Rabindranath pflegte öfter auf sein kleines Hausboot zu gehen und lebte monatelang auf dem wunderschönen Fluss, von dichtem Wald umgeben, in völliger Stille und Abgeschiedenheit.

In einer Vollmondnacht las er einen bedeutsamen Beitrag zur Philosophie der Ästhetik von Benedetto Croce... Müde von Croces hochkomplizierten Argumenten klappte er mitten in der Nacht das Buch zu und blies die Kerze aus. Er wollte sich hinlegen und schlafen, doch ein Wunder geschah.
Als die kleine Flamme der Kerze verlosch, tanzte durch alle Fenster und Türen das Mondlicht zu ihm herein. Der Mond füllte das kleine Hausboot mit seinem Glanz. Rabindranath blieb eine Weile still. Es war eine göttliche Erfahrung. Er trat hinaus. Der Mond schien unbeschreiblich schön in der stillen Nacht zwischen schweigenden Bäumen, auf einem Fluss, der so ruhig dahinfloss, dass kein Laut zu vernehmen war. Am nächsten Morgen schrieb er in sein Tagebuch: «Rund um mich herum war die Schönheit, doch eine kleine Kerze hatte sie mir vorenthalten. Ihr Licht verwehrte dem Mondlicht den Zutritt.»

Das ist die exakte Bedeutung von Nirvana. Eure kleine Flamme des Egos, eure kleine Flamme des Verstandes und seines Bewusstseins hält das ganze Universum davon ab, sich in euch zu ergießen. Daher das Wort Nirvana. Blase die Kerze aus, und lasse dich vom ganzen Universum von überall her durchdringen. Du wirst nichts dabei verlieren. Du wirst zum ersten Mal deinen unerschöpflichen Schatz an Schönheit, an Güte, an Wahrheit finden – von allem, was zählt.[44]

Adi Shankaracharya lebte vor fast vierzehnhundert Jahren. Er starb als junger Mann, er starb schon mit dreiunddreißig Jahren. Er begründete eine neue Tradition von Sannyasins: Er erschuf vier Tempel für die vier Himmelsrichtungen und ernannte vier Shankaracharyas, einen für jede Richtung. Man weiß auch noch, dass er durchs ganze Land reiste und viele berühmte Philosophen besiegte. Das waren noch Zeiten… ❧ Mandan Mishra war so ein Philosoph mit einem großen Gefolge. Ihm zu Ehren ist noch heute eine Stadt benannt… ❧ Shankara muss etwa dreißig Jahre alt gewesen sein, als er nach Mandala kam. Am Stadtrand schöpften ein paar Frauen Wasser aus einem Brunnen. Er fragte sie: «Könnt ihr mir sagen, wo der große Philosoph Mandan Mishra wohnt?» ❧ Die Frauen begannen zu kichern: «Nichts leichter als das! Gehe einfach in die Stadt hinein. Du wirst es schon finden.» ❧ «Wie denn?» fragte Shankara. ❧ «Du kannst es nicht verfehlen, denn sogar die Papageien um sein Haus… Er hat einen großen Garten, und in dem Garten sind viele Papageien, die Verse aus den Upanischaden, aus den Veden nachplappern. Wenn du Papageien singen und schöne Verse aus den Upanischaden aufsagen hörst, kannst du sicher sein, dass du vor Mandan Mishras Haus stehst.» ❧ Er glaubte ihnen erst, als er es mit eigenen Augen gesehen hatte. Er sagte zu Mandan Mishra, der schon fast siebzig Jahre alt war: «Ich bin einen sehr langen Weg von Südindien gekommen, um mit dir zu diskutieren. Aber nur unter einer Bedingung: Wenn ich verliere,

werde ich dein Schüler, und wenn du verlierst, musst du meiner werden. Und wenn ich dein Schüler werde, dann werden natürlich auch alle meine Schüler deine werden. Und dasselbe gilt, wenn du mein Schüler wirst, dann werden alle deine Schüler meine.» ❧ Der alte Mandan Mishra musterte den jungen Mann und sagte: «Du bist noch sehr jung, und ich bin mir nicht ganz sicher, ob ich diese Herausforderung annehmen soll oder nicht. Aber wenn du darauf bestehst, muss ich mich wohl darauf einlassen. Doch es scheint mir nicht richtig, dass sich ein siebzigjähriger Mann, der Tausende von Debatten durchgefochten hat, mit einem jungen Mann von dreißig Jahren misst. Um das etwas auszugleichen, schlage ich Folgendes vor: Du darfst den Schiedsrichter bestimmen, der über den Ausgang der Debatte entscheiden wird. Finde also einen Schiedsrichter deiner Wahl! Du bist noch jung, und wenn du besiegt wirst, sollst du wenigstens die Gewissheit haben, dass du selbst den Schiedsrichter gewählt hast.» Solche Zeiten waren das damals! ❧ Doch woher einen Schiedsrichter nehmen? Der junge Mann hatte viel von Mandan Mishras Frau gehört. Ihr Name war Bharti. Sie war auch schon alt, sie war fünfundsechzig. Er sagte: «Ich wähle deine Frau zum Schiedsrichter.» ❧ Was für eine menschliche und liebevolle Atmosphäre! Zuerst ließ ihm Mandan Mishra die Wahl, und danach wählte Shankara Mandan Mishras Frau. Bharti meinte: «Aber das geht doch nicht! Ich bin seine Frau. Wenn du besiegt wirst, könntest du glauben, das sei nur deshalb geschehen, weil ich voreingenommen war und zu meinem Mann hielt.» ❧ Shankara sagte: «Du bist über jeden Verdacht erhaben. Ich habe viel von deiner Aufrichtigkeit gehört. Wenn ich verliere, verliere ich eben. Wenn dein Mann der Verlierer wäre, käme es dir nie in den Sinn, die Tatsachen zu vertuschen, da bin ich mir sicher.» ❧ Die Debatte dauerte sechs Monate. Sie stritten sich über jeden einzelnen Punkt, über den die Menschen je nachgedacht haben, sie argumentierten, sie zitierten und interpretierten, und nach sechs Monaten sagte die Frau: «Shankara wird hiermit zum Sieger erklärt. Mandan Mishra hat verloren.» ❧ Tausende hörten in diesen sechs Monaten zu. Es war ein eindrückliches Schauspiel, diesen beiden hoch raffinierten Logikern zuzuhören. Und ebenso eindrücklich war, dass Mandan Mishras Frau Shankara zum Sieger erklärte. Eine Weile herrschte Totenstille. Dann sagte Bharti zu Shankara: «Aber vergiss nicht, dass du nur einen halben Sieg errungen hast, denn laut den Schriften bilden Mann und Frau ein Ganzes. Ich bin die andere Hälfte von Mandan Mishra. Die eine Hälfte hast du besiegt, jetzt musst du noch mit mir diskutieren.» ❧ Shankara steckte in der Klemme. Sechs Monate lang hatte er sich die größte Mühe gegeben. Viele Male hatte er daran gedacht, den Kampf aufzugeben, denn Mandan Mishra argumentierte selbst im hohen Alter noch messerscharf. Niemand hatte je zuvor sechs Monate lang gegen Shankara bestehen können. Und nun sagte seine Frau, sein Sieg sei erst ein halber Sieg. ❧ Bharti sagte: «Auch ich werde dir die Gelegenheit geben, einen Schiedsrichter zu wählen.» ❧ «Wo könnte ich einen besseren als Mandan Mishra finden?» fragte Shankara. «Ihr seid so gradlinige, faire und aufrichtige Leute!» ❧ Doch Bharti war sehr schlau, viel schlauer, als Shankara gedacht hatte. Sie begann ihm Fragen über die Wissenschaft der Sexualität zu stellen. ❧ Shankara sagte: «Verzeih mir, ich bin zölibatär und weiß nichts über Sex.» ❧ «Dann musst du deine Niederlage eingestehen», sagte Bharti. «Aber wenn du etwas Zeit brauchst, um nachzulesen und Erfahrungen zu sammeln, gewähre ich sie dir gern.» ❧ Shankara war in einer Zwickmühle. Er bat um sechs Monate Bedenkzeit, und sie wurden ihm gewährt. «Du kannst gehen und lernen, so viel du kannst, denn mit diesem Thema werden wir beginnen. Später werden andere folgen», meinte Bharti. «Es ist nicht leicht, Mandan Mishra zu schlagen. Aber die erste Hälfte war die leichtere. Ich bin eine viel härtere Nuss. Wenn ich schon die Niederlage meines Mannes verkünden kann, wirst du wohl einsehen, dass ich noch viel schwerer zu knacken bin. Es wird nicht leicht sein für dich. Wenn du Angst hast, so bleibe weg; sonst komme in sechs Monaten wieder, wir werden so lange auf dich warten.» ❧ Dieses Klima herrschte jahrtausendelang weiter. Es ging nicht darum, die Beherrschung zu verlieren oder den Gegner zu beleidigen, es ging nicht darum, mit Muskelkraft oder Waffengewalt oder mit einem Heer zu beweisen, dass man Recht hatte. Dies galt als barbarisch.[45]

Wer ein wenig in der Meditation bewandert ist und über die Vergangenheit nachliest, wird sich wundern, dass ein so riesiges Land wie Indien so leicht erobert werden konnte.

Dass das so war, liegt nicht etwa an den Eroberern, es liegt an den Besiegten, an den Eroberten selbst. Damals lebten diese Menschen in einer ganz anderen Atmosphäre, einem ganz anderen Umfeld, sie wurden von anderen Schwingungen genährt. Es lag ihnen fern, für ihr Land oder zu ihrer Bereicherung zu kämpfen und zu töten. Sie wurden nicht deshalb erobert, weil sie nicht tapfer genug waren – sie ließen es zu, erobert zu werden, weil sie nicht so töricht waren zu kämpfen. Sie sagten sich: «Ein paar Idioten haben es sich in den Kopf gesetzt, die ganze Welt zu erobern. Lasst sie doch machen! Was gewinnt man schon dabei?» Das ist eine ganz andere Sicht der Dinge: dass das Erobern an sich schon etwas Hässliches und Unmenschliches ist.

Doch für alle die Alexanders, die Napoleons, die Hitlers war Erobern das Größte. Es war ihr Lebensinhalt. Indien sieht viel weiter. Indien weiß, dass es mit Sicherheit etwas zu erobern gibt, aber es befasst sich nicht damit, andere zu erobern. Es geht einzig darum, sich selbst zu erobern.[46]

Ich erinnere mich an einen großen Mystiker, Nagarjuna. Er lebte nackt. Sein einziger Besitz war eine Bettelschale. Aber vielleicht war er das größte Genie, das je auf dieser Erde geboren wurde. Seine Geistesschärfe blieb unübertroffen. Mächtige Könige, Königinnen, große Philosophen waren seine Schüler. ❧ Eine Königin war ihm sehr ergeben. Als Nagarjuna in ihre Hauptstadt kam, ließ sie eine goldene, mit Diamanten besetzte Bettelschale verfertigen. Und als er zum Palast kam, um zu betteln, sagte sie: «Zuerst musst du mir etwas versprechen.» ❧ Er fragte: «Du nimmst einem nackten Mann, der nichts als seine Bettelschale besitzt, ein Versprechen ab?» ❧ Sie sagte: «Mehr braucht es nicht. Ich bitte dich nur um deine Bettelschale.» ❧ «Du kannst sie gerne haben.» ❧ «Das ist aber noch nicht alles», fuhr sie fort. «Ich will sie dir ersetzen, und du darfst meine Bettelschale nicht zurückweisen.» ❧ «Kein Problem. Jede Bettelschale ist gut genug», meinte Nagarjuna. Er hatte nicht bemerkt, was sie versteckt hielt – eine goldene, mit sehr wertvollen Diamanten besetzte Schale. Er nahm sie entgegen. ❧ Als er zu den Ruinen des Klosters zurückging, wo er lebte, sah ihn ein Dieb. Er glaubte zu träumen. Die Bettelschale glitzerte wie die Sterne. Und Nagarjuna war nackt. Er war ein sehr schöner Mann von prächtigem Wuchs. ❧ «Wie kommt diese Schale zu diesem nackten Mann? Und wie lange kann er sie in seinem Besitz bewahren?» dachte der Dieb. «Irgendeiner wird sie ihm abnehmen – warum eigentlich nicht ich?» Er folgte Nagarjuna. Dieser betrat einen Raum, einen kleinen Schuppen, von dem nur noch die Mauern übrig waren. Das ganze Kloster lag in Trümmern. An der Seite gab es ein Fenster. Dort draußen versteckte sich der Dieb. Er wusste, dass buddhistische Mönche einmal am Tag essen. «Jetzt wird er essen und dann ein kleines Nickerchen halten. Und das ist genau der richtige Moment für mich. Niemand lebt in diesem uralten Kloster.» ❧ Nagarjuna aß sein Essen und warf dann die Schale aus dem Fenster, genau dorthin, wo der Dieb saß. Der Dieb konnte es nicht fassen. Er war wie vor den Kopf geschlagen. Einen Moment lang wusste er nicht weiter. Er dachte: «Was ist das für ein Mensch? Erst isst er, und dann wirft er seine kostbare Bettelschale weg, als sei sie zu nichts mehr nütze, und zwar genau hierhin, wo ich sitze.» ❧ Er erhob sich und fragte Nagarjuna: «Darf ich hereinkommen und dich etwas fragen?» ❧ Nagarjuna sagte: «Um dich hereinzulocken, musste ich erst die Schale hinauswerfen. Tritt ein! Die Schale ist dein, sei unbesorgt. Ich habe sie dir gegeben, damit du sie nicht stehlen musst. Sie ist ein Geschenk, eine Gabe. Ich bin ein armer Mann. Ich habe nichts sonst, nur diese Schale, und ich weiß, ich kann sie nicht lange behalten, denn einmal muss ich ja schlafen. Jemand wird sie mir wegnehmen. Und du hast dir so viel Mühe gemacht. Ich habe gesehen, wie du mich trotz der großen Sommerhitze von der Hauptstadt verfolgt hast. Bitte nimm sie. Schlage das Geschenk nicht aus!» ❧ Der Dieb sagte: «Du bist ein seltsamer Mensch. Weißt du nicht, wie kostbar sie ist?» ❧ «Seit ich mich selbst kenne, ist nichts kostbar», sagte Nagarjuna. ❧ Der Dieb schaute Nagarjuna an und sagte: «Dann schenke mir noch etwas. Bitte verrate mir, wie ich mich selbst so erkennen kann, dass diese kostbare Schale im Vergleich dazu völlig wertlos wird?» ❧ Nagarjuna meinte: «Das ist ganz einfach.» ❧ Doch der Dieb sagte: «Bevor du fortfährst, möchte ich etwas über mich sagen. Ich bin ein bekannter Dieb.» ❧ Nagarjuna sagte: «Wer ist das nicht? Kümmere dich nicht um Trivialitäten. In dieser Welt ist jeder ein Dieb, denn jeder kommt nackt und ohne etwas zur Welt und alle erlangen irgendetwas. Alle sind Diebe. Deshalb lebe ich nackt. Mache dir keine Sorgen. Es ist gut so. Aber was du auch tust, tue es ganz. Wenn du stiehlst, so sei dabei bewusst, sei wachsam, sei achtsam. Wenn deine Wachsamkeit nachlässt, dann stiehl nicht. Das ist eine einfache Regel für dich.» ❧ Der Dieb meinte: «Das ist ja kinderleicht. Wann kann ich dich wieder sehen?» ❧ «Ich werde zwei Wochen lang hier sein. Du kannst jederzeit kommen, aber probiere es zuerst eine Weile aus.» ❧ Der Dieb versuchte es zwei Wochen lang und fand dabei heraus, dass es das Schwierigste auf der Welt war. Einmal gelangte er sogar in den Palast und öffnete die Tür zur Schatzkammer, doch als er etwas stehlen wollte, verlor er seine Achtsamkeit. Und er war ein ehrlicher Mann, er musste alles liegen lassen, er konnte nichts mitnehmen. Es war wie verhext: Wenn er achtsam war, begehrte er nichts von den ganzen Schätzen. ❧ Schließlich kam er mit leeren Händen zu Nagarjuna zurück und sagte: «Du hast mein ganzes Leben auf den Kopf gestellt. Jetzt kann ich nicht mehr stehlen.» Nagarjuna meinte: «Das ist nicht mein Problem. Das ist jetzt dein Problem. Wenn du stehlen willst, vergiss die ganze Achtsamkeit.» ❧ Doch der Dieb sagte: «Diese wenigen Momente der Achtsamkeit waren so wertvoll für mich. Ich habe mich nie so wohl gefühlt, so friedfertig, so still, so glückselig. Der ganze Königsschatz war nichts im Vergleich dazu. ❧ Jetzt verstehe ich, was du meinst, wenn du sagst, dass nichts anderes mehr von Wert ist, sobald man sich selbst kennt. Ich kann nicht mehr aufhören, Achtsamkeit zu üben. Ich habe nur ein paar Tropfen vom Nektar gekostet, den du fortwährend kosten darfst. Erlaubst du mir, dein Schüler zu sein und dir zu folgen?» ❧ Nagarjuna sagte: «Ich wusste es schon damals. Ich hatte dich schon initiiert, als du mir hinterherliefst. Du wolltest die Bettelschale stehlen, und ich wollte dich stehlen. Wir sind beide im selben Geschäft tätig.»[47]

Ein schwerreicher Mann wollte einst glücklich werden. Er hatte schon mancherlei ausprobiert, aber ohne Erfolg. Er suchte viele Heilige auf, doch keiner konnte ihm helfen. Dann riet ihm jemand: «Geh doch zu Mulla Nasruddin. Er wohnt dort in jener Stadt. Er ist der Einzige, der dir vielleicht helfen kann.» ❧ Der Mann ging mit einem Beutel voller Diamanten hin und zeigte Mulla Nasruddin, der unter einem Baum am Stadtrand in der Sonne saß und sich ausruhte, den Beutel. «Ich bin ein sehr unglücklicher Mann», sagte er zu Mulla. «Ich möchte so gern glücklich sein. Ich würde alles dafür geben. Aber ich habe noch kein einziges Mal gespürt, was Glück ist, und der Tod rückt immer näher. Kannst du mir helfen? Wie kann ich glücklich sein? Ich habe alles, was man sich nur wünschen kann, aber es macht mich nicht glücklich. Warum?» ❧ Mulla besah sich den Mann. Dann passierte alles so schnell, dass der Reiche nicht wusste, wie ihm geschah. Mulla sprang auf den Mann zu, schnappte sich den Beutel und rannte weg. ❧ Natürlich lief ihm der Mann hinterher. Er jammerte und schrie: «Man hat mich betrogen und bestohlen!» ❧ Mulla kannte sich in der Stadt gut aus. Er lief im Zickzack, mal hierhin, mal dorthin. Der Reiche war noch nie im Leben so gerannt. Er weinte. Tränen flossen ihm übers Gesicht. «Man hat mir mein ganzes Vermögen geraubt», schrie er. «Rettet mich, Leute! So helft mir doch!» ❧ Eine Menschenmenge folgte ihm. Und als sie Mulla einholten, war dieser zu der Stelle zurückgekehrt, wo ihn der Reiche angetroffen hatte. Sein Pferd stand noch dort, und Mulla saß wieder unter dem Baum. Der Reiche weinte und atmete schwer. Mulla gab ihm den Beutel zurück. ❧ «Gott sei Dank!» seufzte der Reiche. Was für Freudentränen! Was für ein Seelenfrieden! ❧ Mulla sagte: «Siehst du, ich habe dich glücklich gemacht. Jetzt weißt du, was Glück ist. Dieser Beutel ist seit Jahren dein, und du warst trotzdem unglücklich. Jemand musste ihn dir wegnehmen.» ❧ Das Glück ist ein Teil des Unglücks. Deshalb lasst das Glück nicht euer Lebensziel sein, denn wenn ihr das Glück wollt, müsst ihr zuvor unglücklich sein. Erst wenn ihr so richtig unglücklich seid, werdet ihr ein paar Augenblicke des Glücks erleben, aber nur wenige und zeitlich weit auseinander. ❧ Das Ziel ist nicht Glück. Das Ziel ist Glückseligkeit… ❧ Glück ist wertlos; es ist ans Unglück gebunden. Glückseligkeit übersteigt beides, lässt die Dualität von Glück und Unglück hinter sich. Du beobachtest beides. Kommt das Glück, so beobachtest du es und identifizierst dich nicht damit. Du sagst nicht: «Ich bin so glücklich. Welcher Friede! Wie wunderbar!» Du beobachtest nur, du sagst: «Ach ja, eine weiße Wolke zieht vorüber.» ❧ Dann kommt das Unglück, und auch da wirst du nicht unglücklich. Du sagst: «Eine schwarze Wolke zieht vorüber. Ich bin Zeuge. Ich bin der Beobachter.» ❧ Nur darum geht es bei der Meditation: ein Beobachter zu werden. Misserfolg stellt sich ein, Erfolg stellt sich ein; du wirst gepriesen, du wirst verdammt; du wirst geachtet, du wirst verhöhnt – alles Mögliche stellt sich ein. Alles sind Dualitäten. Du beobachtest in einem fort. Beim Beobachten der Dualität wächst eine dritte Kraft in dir, eine dritte Dimension tut sich dir auf. Dualität ist zweidimensional – die eine Dimension ist Glück, die andere Unglück. Wenn du beides beobachtest, wenn du Zeuge bleibst, öffnet sich etwas tief in dir – die dritte Dimension, Sakshi. ❧ Und diese dritte Dimension bringt dir Glückseligkeit. Glückseligkeit kennt kein Gegenteil. Sie ist heiter, gelassen und kühl – Ekstase ohne jede Erregtheit.[48]

Die Bauls werden Bauls genannt, weil sie verrückte Menschen sind. Das Wort stammt von der Sanskrit-Wurzel *Vatul* und bedeutet «verrückt», «vom Wind getrieben». Ein Baul gehört keiner Religion an, er ist weder Hindu noch Mohammedaner, weder Christ noch Buddhist. Er ist einfach nur ein Mensch. Seine Rebellion ist total. Er gehört niemandem, er gehört nur sich selbst. Er lebt in einem Niemandsland: Kein Land ist sein, keine Religion ist sein, keine heilige Schrift ist sein. Seine Rebellion reicht sogar noch tiefer als die Rebellion der Zen-Meister, denn diese gehören zumindest formell dem Buddhismus an, sie verehren Buddha. Formell haben sie Schriften – Schriften zwar, die alle Schriften denunzieren, aber immerhin gibt es welche, immerhin haben sie ein paar Schriften zum Verbrennen.

Bauls haben gar nichts – nicht einmal Schriften zum Verbrennen. Keine Kirche, keinen Tempel, keine Moschee, nichts dergleichen. Ein Baul ist immer auf dem Weg. Er hat kein Haus, keinen Wohnsitz. Gott ist sein einziger Wohnsitz, und der ganze Himmel ist sein Obdach. Ein Baul besitzt nichts als eine schäbige Decke, ein kleines, von Hand gearbeitetes einsaitiges Musikinstrument, *Ektara* genannt, und eine kleine Trommel, eine Kesseltrommel. Das ist sein ganzer Besitz – ein Musikinstrument und eine Trommel. Er spielt mit einer Hand auf dem Instrument und schlägt mit der andern die Trommel. Die Trommel hängt seitlich an seinem Körper, und er tanzt dazu. Das ist seine Religion.

Tanzen ist seine Religion, Singen ist seine Andacht. Er braucht auch das Wort «Gott» nicht. Das Baul-Wort für Gott ist *Adhar Manush*, «der essenzielle Mensch». Die Bauls verehren den Menschen. Sie sagen, dass in dir und in mir und in allen Menschen ein essenzielles Wesen steckt. Damit hat es sich auch schon. Ihre Suche besteht darin, diesen *Adhar Manush*, diesen essenziellen Menschen zu finden.

Es gibt also keinen Gott irgendwo außerhalb von dir, und es ist auch nicht notwendig, ihm irgendeinen Tempel zu bauen, denn du bist bereits sein Tempel. Die ganze Suche geht nach innen. Auf den Wellen des Gesangs, auf den Wellen des Tanzes bewegt der Baul sich nach innen.[49]

Gargi lebte vor fünftausend Jahren, als die Upanischaden geschrieben wurden. Die Menschheit steckte damals noch in den Kinderschuhen, und die Männer waren noch nicht so brutal gegen die Frauen geworden. ❧ Jedes Jahr rief der Kaiser des Reiches alle Weisen zu einem Wettkampf zusammen. Er war selbst sehr philosophisch orientiert. Kein Erleuchteter hätte je an solchen Wettkämpfen teilgenommen. Obwohl eine hohe Belohnung winkte, waren sie im Grunde genommen kindisch. Eines Tages verkündete der Kaiser, er werde dem Sieger des Wettstreits tausend Kühe schenken, deren Hörner vergoldet und mit Diamanten besetzt waren. ❧ Yagnavalkya war einer der berühmtesten und gelehrtesten Männer seiner Zeit. Er war sich seines Sieges so sicher, dass er sich, als er das Gelände betrat, wo die Debatte vorbereitet wurde, als Erstes die Kühe anschaute. Die tausend Tiere mit ihren vergoldeten und mit Diamanten besetzten Hörnern sahen im Sonnenlicht herrlich aus. Er sagte zu seinen Schülern: «Führt diese Kühe zu unserem Platz. Die armen Tiere brauchen doch nicht in der prallen Sonne zu stehen.» ❧ Die Schüler meinten, zuerst müsse er doch den Wettkampf gewonnen haben, aber Yagnavalkya sagte: «Das lasst nur meine Sorge sein.» ❧ Selbst der Kaiser mochte ihn nicht daran hindern und auch nicht die Tausende von Weisen, die sich bereits versammelt hatten. Sie wussten alle, dass es unmöglich war, Yagnavalkya mit Worten zu besiegen. Seine Schüler führten die Kühe weg. ❧ Und kurz bevor er zum Sieger erklärt wurde, kam eine Frau namens

Gargi… Sie wartete auf ihren Mann, der ebenfalls an der Debatte teilgenommen hatte. Es war schon spät, und so ging sie selbst hin, um ihn zu suchen. Als sie das Gelände betrat, nahm sie sofort wahr, dass man die Kühe schon vor der Siegerehrung weggeführt hatte. ❧ Sie sagte zum Kaiser: «Erkläre ihn nicht zum Sieger. Ich bin rein zufällig vorbeigekommen, um nach meinem Mann zu schauen… Doch dieser Yagnavalkya braucht offenbar einen Gegner, der wirklich weiß. Ich bin bereit, eine Diskussion mit ihm zu führen. Er ist nur ein Gelehrter, und Gelehrsamkeit hat noch nie die Wahrheit erkannt.» ❧ Das waren noch Zeiten! Sogar eine Frau konnte den gelehrtesten Mann seiner Zeit herausfordern. Und der Kaiser sagte: «Dann warte ich noch ein wenig. Du kannst mit ihm diskutieren.» ❧ Sie stellte ihm nur eine einzige Frage: «Wer hat die Welt erschaffen?» Yagnavalkya lachte. Er glaubte, die Antwort sei kinderleicht, doch da hatte er sich geirrt. ❧ Er sagte: «Gott erschuf sie, denn alles, was existiert, muss von jemand erschaffen worden sein.» ❧ Jetzt war es an Gargi zu lachen. Sie sagte: «Jetzt habe ich dich! Jetzt steckst du in der Klemme. Wer hat denn Gott erschaffen? Denn auch er existiert, und alles, was existiert, braucht einen Schöpfer.» ❧ Yagnavalkya merkte, dass er aufs Glatteis geführt worden war. Denn wenn er jetzt sagte, ein anderer Gott habe ihn erschaffen, so blieb die Frage: Wer erschuf diesen anderen Gott? Man konnte tausendmal darauf antworten, die Frage blieb bestehen. Wenn da jemand war, der den ersten Gott erschuf, konnte der nicht der erste genannt werden. ❧ Yagnavalkya wurde wütend, zog sein Schwert und rief: «Frau, wenn du nicht sofort damit aufhörst, wird dein Kopf auf den Boden rollen.» ❧ Doch Gargi sagte: «Stecke dein Schwert ruhig in die Scheide zurück. Schwerter sind keine Argumente.» Und zum Kaiser sagte sie: «Sage diesem Kerl, dass er die tausend Kühe zurückgeben muss.» ❧ Das alles war so demütigend für Yagnavalkya, dass er nie wieder an einer Debatte teilnahm. Und Gargi nahm die tausend Kühe von Yagnavalkya in Empfang. ❧ Sie war die erste erleuchtete Frau, die wir kennen.[50]

Indien war stets ein weibliches Land und ist es bis heute geblieben. Die ganze Psyche Indiens ist weiblich, ganz im Gegensatz zu Ländern wie Deutschland oder Amerika – dies sind männliche Länder. Die ureigenste Seele Indiens ist weiblich. Aus diesem Grund war Indien in seiner ganzen Geschichte nie aggressiv. Gewalt war nie ein Mittel zum Zweck. Die Geschichte Indiens ist eine Geschichte der Gewaltlosigkeit. Wenn man sie näher betrachtet, kommt eine überraschende Tatsache ans Licht: Kein anderes Land der Welt ist in dem Sinne weiblich wie Indien, und genau das erwies sich für Indien teilweise auch als verhängnisvoll.

Die ganze Welt ist von männlicher Qualität. Die ganze Welt ist aggressiv, die ganze Welt ist gewalttätig, nur Indien nicht. Die letzten dreitausend Jahre indischer Geschichte waren geprägt von Leid, Konflikten und Schwierigkeiten. Indiens Weiblichkeit kann jedoch auch ein Segen für die Zukunft sein, denn die Länder, die sich unter dem Einfluss der männlichen Qualitäten entwickelt haben, sind dem Zeitpunkt ihrer eigenen Zerstörung inzwischen sehr nahe gekommen. Das Denken des Mannes ist aggressiv, das männliche Denken ist gewalttätig. Die westlichen Länder, die sich gemäß diesem Denken entwickelt haben, haben allesamt Kriege durchlitten und steuern auf den letzten Krieg, den totalen Krieg zu. Es scheint für sie keine andere Möglichkeit mehr zu geben als zu kämpfen und sich gegenseitig zu zerstören.

Die einzige Rettung besteht darin, dass sich das Blatt wendet, die Geschichte der männlichen Zivilisation ein Ende nimmt und ein neues Kapitel beginnt. Es wird das Kapitel einer Kultur des weiblichen Denkens sein.[51]

Im Osten heißt man einander mit gefalteten Händen willkommen. Im Westen schüttelt man sich die Hand. Seht ihr den Unterschied? Wenn man jemanden mit gefalteten Händen begrüßt, sagt man damit: «Ich verneige mich vor dem Göttlichen in dir.» Beim Händeschütteln ist nichts Göttliches mit im Spiel. Der Brauch, sich die Hand zu schütteln, entwickelte sich als Sicherheitsvorkehrung, dass keiner eine Waffe in der rechten Hand hielt, dass man keinen Feind vor sich hatte. Man hält die Rechte hin, man zeigt, dass sie leer ist, und sagt damit: «Schau

her, ich bin nicht dein Feind.» Mehr bedeutet es nicht. Und es beruht auf Gegenseitigkeit, ihr schüttelt euch beide die Hand. Es hat nichts Geheimnisvolles. Es ist bloß eine Strategie, bloß Diplomatie.

Die rechte Hand ist gefährlich, sie kann eine Waffe führen. Wenn man sie nicht ganz offen sieht, sie nicht halten und fühlen kann, kommt Argwohn auf. Man könnte getäuscht werden. Im Westen entwickelte sich das Händeschütteln aus Argwohn, darüber sind sich die westlichen Historiker einig.

Sich mit gefalteten Händen voreinander zu verneigen bringt dich auf eine ganz andere Ebene, hat einen ganz anderen Kontext: Du fühlst dich dadurch geachtet und geehrt – nicht auf die übliche Weise, sondern auf eine außergewöhnliche Art. Es erinnert dich an deine Göttlichkeit, an das Göttliche in dir. Diese gefalteten Hände gelten nicht dir oder deinem Ego; sie sind auf etwas bezogen, das hinter dir, hinter deinem Ego versteckt liegt – auf deine essenzielle Natur, deine eigentliche Seele. Außerdem bedeuten die gefalteten Hände auch, dass ich mich vor dir nicht halbherzig, nicht als geteilte Persönlichkeit verneige, dass beide Seiten von mir zu einem Ganzen verbunden sind, ohne einen Teil von mir zurückzuhalten. Wenn man sich die Hände schüttelt, braucht man nur die eine Hand; sie repräsentiert nur die eine Seite von dir, nur die Hälfte von dir. Was ist mit der anderen Hälfte? Die andere Hälfte ist vielleicht mit der Hand, die du in Freundschaft ausgestreckt hast, nicht einig. So wird es ein geteilter, ein gespaltener, ein halbherziger Empfang, und du spürst es auch.

Wenn du jemandem die Hand schüttelst, kannst du fühlen, ob sie kalt oder warm ist, ob sie sich lebendig oder eher wie der tote Ast eines Baumes anfühlt. Als etwas Halbes kann sie nicht warm sein, als etwas Halbes kann sie nicht lebendig sein. Deine Geste ist bloß formell, bloß Etikette, sie besitzt keine Tiefe. Nur hin und wieder findet man eine Hand voller Wärme. Und wenn eine Hand voller Wärme ist, dann kommt im Allgemeinen auch die andere Hand dazu und will deine Hand ergreifen. Beide Hände sind dann zusammen, beide Hände sind gefaltet… Auf dieselbe Weise, wie der Osten das Höchste, das Absolute anbetet, mit denselben gefalteten Händen empfängt er auch das Menschliche.[52]

Indien hat nie versucht, die Natur zu erobern. Im Grunde hat Indien nie versucht, irgendetwas zu erobern. Die Vorstellung, etwas zu erobern, konnte nie tief ins indische Denken eindringen. Und wenn jemand sich ein wenig anstrengte, um andere zu erobern, konnte die Seele Indiens ihn nicht darin unterstützen.[53]

Macht, die eine Folge von Disziplin ist, ist missbräuchlich. Jedesmal, wenn man diese missbräuchliche Macht anwenden will, muss man zuerst Ordnung und Disziplin schaffen – entweder durch die Polizei oder durch einen Gerichtshof oder durch die Armee. Jedesmal, wenn man Konflikte unterdrücken will, schafft man ein noch größeres Problem. Wenn Macht durch Disziplin erzeugt wird, nennt man sie missbräuchlich.

Dass Hitler dieser Welt so viele Schwierigkeiten machen konnte, hing von der Fähigkeit des deutschen Volkes ab, diszipliniert zu sein. In Indien könnte kein Hitler je an die Macht kommen. Man kann es auf tausend Arten versuchen, aber in Indien lässt sich kein solcher Konflikt erzeugen, denn es ist unmöglich, einen Inder zu disziplinieren. Die Stärke der Deutschen liegt in ihrer Fähigkeit, diszipliniert zu sein. Daher wird Deutschland stets ein Gefahrenherd bleiben, es kann immer wieder Schwierigkeiten machen. Wenn einer da ist, der die Deutschen führen kann, werden sie darauf geschlossen als eine disziplinierte Gemeinschaft reagieren. Disziplin liegt den Deutschen im Blut, sie reicht bis tief ins Mark.

Im Blut der Inder liegt alles andere als Disziplin. Das hat seine Gründe und ist auch gut so. Deswegen haben wir nie anderen Leid gebracht, so viel wir auch selbst gelitten haben. Wir haben Sklaverei erduldet, aber wir haben nie jemand anderen versklavt. Andere zu versklaven erfordert viel Disziplin. So etwas brachten wir nie fertig.

Und warum wurde in diesem Land keine Disziplin geübt? Der Grund liegt darin, dass die wahren Genies dieses Landes, die spirituellen Meister, frei von aller Disziplin waren. Das Volk folgt seinen Vorbildern. Hitler ist kein Vorbild für Inder, ebenso wenig wie Napoleon, Dschingis Khan oder Timur-Leng. Wenn wir uns Indiens Geschichte ansehen, haben wir nicht einen Menschen hervorgebracht, der es mit Dschingis

Khan, Timur-Leng, Hitler, Mussolini, Stalin oder Mao aufnehmen könnte. In fünftausend Jahren hat ein so großes Volk keinen einzigen Dschingis Khan hervorgebracht. Dazu waren wir nicht fähig, denn um einen solchen Höhepunkt zu schaffen, braucht es ein solides Fundament aus Disziplin, muss Stein auf Stein gefügt werden.
Dafür vermochten wir einen Buddha hervorzubringen, einen Mahavira und einen Patanjali. Das ist ein ganz anderer Menschenschlag. Sie schaffen keine Disziplin. Solche Menschen sind frei von Disziplin. Man weiß nie genau, wie sie reagieren. Indien hat ein ganz unterschiedliches Experiment in die Welt gesetzt – und von diesem Experiment wird vielleicht eines Tages die ganze Welt profitieren können.[54]

Indien ist nie in ein anderes Land eingefallen, Indien war nie aggressiv und gewalttätig und wollte nie zu einem riesigen Reich anwachsen. Indien war nie imperialistisch. Zweitausend Jahre lang war es ein Sklavenland – unter den Hunnen, den Türken, Mongolen, Briten, Portugiesen und Franzosen... Es scheint kaum ein Land zu geben, von dem Indien nicht erobert wurde. Und weshalb ergab sich Indien, ein Land fast so groß wie ein Kontinent, so leicht? Weil niemand Lust am Kämpfen hatte. Schon so kleine Völker... Was ist schon England? Nicht größer als ein Distrikt in Indien. Und wie viele Einwohner hat es schon? Wenn alle Inder gleichzeitig gepinkelt hätten, wäre England ertrunken. Es bräuchte keine Atombomben...
Indien ist ein riesiges, weites Land. Achthundert Millionen Menschen... Wer kennt schon die genaue Zahl? Wenn sich alle übereinander stellen, können sie mühelos den Mond erreichen. Und sie ließen sich von kleinen Gruppen von Türken und Mongolen besiegen...
Historisch gesehen ist das eigentlich falsch. Indien wurde nie von jemandem besiegt. Indien ließ zu, dass jedermann es erobern konnte, und hieß alle willkommen. Das Land war friedlich gestimmt. Es gab genug zu essen, genug Platz – was machte es schon aus, ein paar Leute mehr aufzunehmen? Es gab so viel zu teilen. Diese friedfertigen Menschen kannten kein Bedürfnis, sich aggressiv zu verhalten. Zweitausend Jahre lang blieben sie Sklaven, weil sie schlichtweg kein Interesse am Kämpfen hatten.[55]

Die Welt ist an einen Punkt gelangt ... Die westliche Einstellung, pausenlos etwas tun zu müssen und das Nichtstun zu verurteilen, hat die Welt zu diesem Punkt gebracht. Gerade hier kann der Osten äußerst hilfreich sein. Tun ist okay, es ist notwendig, aber es ist noch längst nicht alles. ❧ Tun kann euch nur weltliche Dinge im Leben verschaffen. Wenn ihr nach höheren Werten sucht, erreicht ihr mit eurem Tun gar nichts. Ihr werdet lernen müssen, still und offen und empfänglich zu sein; in andächtiger Stimmung; im Vertrauen, von der Existenz beschenkt zu werden, wenn ihr reif dafür seid; im Wissen, dass eure Stille gesegnet sein wird, wenn sie vollkommen ist. ❧ Dann wird es Blüten auf euch niederregnen. Ihr braucht nichts mehr zu tun, müsst nichts mehr sein, ihr werdet ein Niemand, ein Nichts. ❧ Die wahren Werte des Lebens – Liebe, Wahrheit, Mitgefühl, Dankbarkeit, Andacht, das Göttliche –, sie alle eröffnen sich nur im Nichts, in einem Herzen, das völlig still und empfänglich ist. Doch der Westen ist zu sehr im Tun verwurzelt. Und vielleicht bleibt ihm nicht genug Zeit, um das Nicht-Tun zu erlernen. ❧ Es mag euch überraschen, wenn ihr erfahrt, dass Indien nie ein anderes Land eroberte. Indien wurde von fast allen Ländern dieser Welt erobert. Indien zu besetzen war ein Kinderspiel. Nicht dass es an mutigen Leuten oder an Kriegern gefehlt hätte, aber allein schon die Vorstellung, das Territorium anderer Menschen zu besetzen, war hässlich. ❧ Mohammed Gauri, ein muslimischer Eroberer, fiel achtzehnmal in Indien ein und wurde jedesmal von

Prithviraj, einem großen Kriegerkönig, zurückgeworfen. Mohammed Gauri wurde vertrieben, aber Prithviraj setzte nie einen Fuß auf sein Territorium. ❧ Man beschwor Prithviraj immer wieder: «Das geht zu weit! In ein paar Jahren wird dieser Kerl eine neue Armee auf die Beine stellen und wieder in unser Land einfallen. Es ist besser, ihn ein für alle Mal zu erledigen. Du bist so viele Male siegreich gewesen, du hättest ruhig ein wenig weiter gehen können. Sein Land ist klein und grenzt unmittelbar an Indien. Du hättest es ihm nehmen können, dann wäre ein für alle Mal Schluss gewesen. So bleibt er eine ständige Gefahr.» ❧ Doch Prithviraj erwiderte: «Das wäre gegen die Würde meines Volkes. Wir haben nie jemanden erobert. Es reicht, wenn wir ihn zur Umkehr zwingen. Er ist ein so schamloser Geselle, dass ihn selbst ein Dutzend Niederlagen nicht davon abhalten, es nochmals zu versuchen.» ❧ Als Mohammed Gauri zum achtzehnten Mal besiegt wurde, waren alle seine Soldaten tot. Er versteckte sich in einer Höhle und dachte: «Was mache ich jetzt?» Und da sah er eine Spinne ihr Netz spinnen. Er saß da, hatte nichts anderes zu tun und beobachtete die Spinne. Sie fiel immer wieder zu Boden. Sie fiel genau achtzehnmal zu Boden, doch beim neunzehnten Mal gelang es ihr, ein Netz zu spinnen. Das brachte Mohammed Gauri auf eine Idee: «Wenigstens einmal noch sollte ich mich anstrengen. Wenn diese Spinne auch nach achtzehn Fehlversuchen nicht aufgab, wieso sollte ich es?» Er sammelte von neuem eine Armee, und beim neunzehnten Mal besiegte er Prithviraj. ❧ Prithviraj war alt geworden. Er hatte sein ganzes Leben lang gekämpft. Seine Armeen waren angeschlagen und dezimiert. Er wurde gefangen genommen und in Ketten gelegt, was der östlichen Lebensphilosophie völlig zuwiderlief. ❧ Als Poras, ein anderer indischer König, von Alexander dem Großen besiegt wurde, führte man ihn ebenfalls in Ketten vor. Alexander fragte ihn: «Welche Behandlung erwartest du von mir?» ❧ Poras sagte: «Was fragst du da? Ein Herrscher soll wie ein Herrscher behandelt werden.» Am Hof von Alexander herrschte einen Augenblick lang Totenstille. Poras hatte allen Grund für diese Forderung, denn seine Niederlage war gar keine richtige Niederlage gewesen, sondern nur durch Alexanders Arglist zustande gekommen. Alexander hatte seine Frau zu Poras vorgeschickt, er selbst wartete am anderen Ufer des Flusses. Zu jener Zeit war es in Indien üblich, dass eine Schwester einen dünnen Faden um das Handgelenk ihres Bruders band. Das hieß Rakshabandhan und galt als ein Band, ein Versprechen, die Schwester zu verteidigen. ❧ Alexanders Frau wurde empfangen, wie es sich für eine Königin geziemt. Poras kam selbst her, um sie zu begrüßen, und fragte: «Warum bist du hierher gekommen? Du hättest mich benachrichtigen können, dann wäre ich zu dir in dein Lager gekommen.» ❧ Das war Tradition im Osten, nach Sonnenuntergegang ins feindliche Lager zu gehen, um zu bereden, wie der Tag verlaufen war, wer gestorben war, was passiert war. Es war fast wie ein Fußballspiel. Niemand nahm es besonders ernst. ❧ Doch Alexanders Frau sagte: «Ich bin gekommen, weil ich keinen Bruder habe. Ich habe von eurer Tradition gehört und möchte dich zu meinem Bruder machen.» ❧ «Welch ein Zufall!» sagte Poras. «Ich habe auch keine Schwester.» ❧ Sie band also den Faden um sein Handgelenk und nahm ihm ein Versprechen ab: «Was immer auch im Krieg geschehen wird, denke daran: Alexander ist mein Mann. Er ist dein Schwager. Du solltest mich nicht zur Witwe machen. Vergiss das nie!» ❧ Es kam der Augenblick, da Poras Alexanders Pferd mit seinem Speer tödlich verwundete und Alexander zu Boden stürzte. Poras sprang ab und wollte Alexanders Brust mit seinem Speer durchbohren, als sein Blick auf sein Handgelenk mit dem Faden fiel. Er hielt inne. ❧ Alexander fragte: «Was zögerst du? Das ist die Gelegenheit! Du kannst mich töten.» ❧ Poras erwiderte: «Ich habe ein Versprechen abgelegt. Ich kann mein Königreich aufgeben, aber mein Versprechen kann ich nicht brechen. Deine Frau ist meine Schwester. Sie hat mich beschworen, sie nicht zur Witwe zu machen.» Und damit wandte er sich ab. ❧ Ein solcher Mann wurde von Alexander wie ein Mörder behandelt. Er fragte Poras: «Welche Behandlung soll dir zuteil werden?» ❧ «Du sollst mich so behandeln, wie ein König einen König behandelt. Hast du schon vergessen, dass du so gut wie tot warst? Dein Leben hast du nur deiner Frau zu verdanken.» ❧ Es war eine arglistige Täuschung gewesen. So etwas kann sich der Osten nicht vorstellen. Mohammed Gauri warf Prithviraj ins

Gefängnis. Und weil Prithviraj der größte Bogenschütze seiner Zeit war, ließ er ihm als Erstes beide Augen ausstechen. ❧ Prithvirajs Freund Chandrabardai war mit ihm gefangen genommen worden. Er war ein Poet. Prithviraj sagte zu ihm: «Komm mit mir zum Hof. Niemand versteht unsere Sprache. Ich brauche keine Augen, um mein Ziel zu treffen. Beschreibe mir einfach, wie weit er von mir entfernt ist.» ❧ Mohammed Gauri hatte solche Angst vor Prithviraj, dass er nicht wie üblich auf seinem Thron saß, sondern oben auf dem Balkon. Der ganze Hofstaat war unten im Erdgeschoss versammelt. Chandrabardai beschrieb genau, wie viele Fuß hoch und wie viele Fuß entfernt Mohammed Gauri saß. Er sang es in einem Lied. Und dank seinen Angaben tötete der blinde Prithviraj Mohammed Gauri. Sein Pfeil traf ihn mitten ins Herz. ❧ Doch Chandrabardai war höchst erstaunt, denn in den blinden Augen seines Freundes standen Tränen. Prithviraj sagte: «Es ist nicht recht von mir. Er hat mich gezwungen, etwas zu tun, was gegen unsere ganze Tradition geht.» ❧ Der Osten sieht die Dinge ganz anders. Wenn der Westen etwas vom Osten lernen will, dann wird die wichtigste Erkenntnis die sein, dass alles Große aus dem Nicht-Tun, aus Aggressionslosigkeit entsteht, denn jedes Handeln ist potenziell aggressiv. Nur in einem Zustand des Nicht-Tuns bist du nicht aggressiv, bist du empfänglich, und in dieser Empfänglichkeit entfaltet die gesamte Existenz all ihre Schätze in dir.[56]

Zu der Zeit, als Alexander in Indien einfiel, lebte ein Sannyasin namens Dandani. Als Alexander seinen Feldzug begann, hatten ihn seine Freunde gebeten, einen Sannyasin zurückzubringen, denn diese kostbare Blume blühte nur in Indien, und sie hätten über dieses Phänomen «Sannyas» gerne mehr gewusst. ❧ Bei seiner Rückkehr erinnerte sich Alexander an der Grenze von Indien plötzlich daran. Er hatte das letzte Dorf schon hinter sich gelassen, daher schickte er seine Soldaten zurück, um sich dort zu erkundigen, ob sich irgendwo in der Gegend ein Sannyasin aufhielt. Zufällig weilte Dandani gerade unten am Flußufer. Die Dorfbewohner sagten: «Ihr seid zur richtigen Zeit gekommen. Ein echter Sannyasin ist selten, aber jetzt ist gerade einer hier. Ihr könnt Darshan haben, ihr könnt hingehen und bei ihm sein.» Als Alexander das hörte, lachte er und sagte: «Ich bin nicht hier, um Darshan zu bekommen. Meine Soldaten werden ihn herbringen. Ich will ihn in die Hauptstadt meines Landes mitnehmen.» Doch die Dorfbewohner meinten: «Das dürfte nicht so leicht sein.» ❧ Alexander dachte anders. Was sollte daran schwierig sein? Er hatte schon Kaiser und große Könige besiegt, was konnte ihm da ein Bettler, ein Sannyasin schon entgegensetzen? Seine Soldaten gingen zu Dandani, der nackt am Ufer des Flusses stand. Sie sagten: «Alexander der Große lädt dich ein, ihm in sein Land zu folgen. Für allen Komfort ist gesorgt. Du wirst wie ein königlicher Gast behandelt werden.» ❧ Der nackte Fakir lachte: «Geht und sagt eurem Meister, dass ein Mann, der sich groß nennt, nicht groß sein kann. Und niemand kann mich irgendwohin mitnehmen. Ein Sannyasin bewegt sich wie eine Wolke in völliger Freiheit. Ich bin niemandes Sklave.» ❧ Die Soldaten sagten: «Alexander ist ein gefährlicher Mann. Wenn du ihm etwas abschlägst, wird er sich das nicht bieten lassen und dich um einen Kopf kürzer machen.» ❧ Der Sannyasin sagte: «Am besten bringt ihr euren Meister hierher. Vielleicht versteht er mich besser als ihr.» ❧ Alexander musste selbst zu ihm hingehen. Seine Soldaten waren mit leeren Händen zurückgekehrt und hatten ihm berichtet: «Er ist ein einzigartiger Mann. Er leuchtet richtig. Um ihn herum ist etwas Unbekanntes. Er ist nackt, aber in seiner Gegenwart spürt man das nicht, erst später erinnert man sich daran. Er strahlt so viel Kraft aus, dass man in seiner Gegenwart die ganze Welt vergisst. Er ist wie ein Magnet. Und eine tiefe Stille umgibt ihn. Alles in seiner Umgebung fühlt sich an, als sei es entzückt über ihn. Es lohnt sich, ihn zu sehen. Aber er sagt, niemand könne ihn irgendwohin mitnehmen, er sei niemandes Sklave.» ❧ Alexander ging mit dem blanken Schwert in der Hand zu ihm hin. Der Sannyasin lachte und sagte: «Lege dein Schwert nieder, hier nützt es dir nichts. Du kannst nur meinen Körper zerstückeln, und den habe ich seit langem hinter mir. Stecke dein Schwert zurück. Sei nicht kindisch!» ❧ Und man erzählt sich, dass dies das erste Mal war, dass Alexander einem Befehl gehorchte. Die starke Präsenz dieses Mannes ließ ihn vergessen, wer er war. Er steckte das Schwert in die Scheide zurück und sagte: «Ich bin noch nie einem so schönen Mann begegnet.» ❧ Als er wieder zu Hause war, berichtete er seinen Freunden: «Es ist schwierig, einen Menschen zu töten, der bereit ist zu sterben. Es macht keinen Sinn. Du kannst jemanden töten, der kämpft, dann macht das Sinn, aber du kannst keinen Mann töten, der dazu bereit ist und sagt: ‹Hier ist mein Kopf. Du kannst ihn mir ruhig abschlagen.› ❧ Ich bin einem wirklich außergewöhnlichen Menschen begegnet. Ihr habt richtig gehört: Diese Blüte ist etwas Einzigartiges. Niemand kann ihn zu etwas zwingen, denn er hat keine Angst vor dem Tod.» ❧ Wie kann man jemand, der keine Angst vor dem Tod hat, zu etwas zwingen? Es ist deine Angst, die dich zum Sklaven macht, nichts anderes. Und in Wirklichkeit ist es auch deine Angst, die dich zwingt, andere zu unterjochen, bevor es ihnen gelingt, aus dir einen Sklaven zu machen. Wer den Tod nicht fürchtet, hat vor nichts und niemandem Angst und braucht auch niemandem Angst zu machen. Die Angst löst sich in nichts auf.[57]

Lieder in Stille
Sutras in Stein

Im Osten wird eine
Statue nicht um
ihrer selbst willen
gestaltet. Sie ist
eine verschlüsselte
Botschaft für
kommende
Jahrhunderte.

Ein Mystiker ist schöpferisch. Buddha kreiert mit Sprache, er bildhauert mit Worten. Er formt mit Parabeln, mit Geschichten, webt Erzählungen in Erzählungen hinein, bringt Einsicht in die Welt. Und doch ist er in keiner Weise besessen davon, er geht völlig entspannt damit um. Wenn er will, kann er still sein, ohne dass ihn das aus der Fassung bringt. Und er weiß genau, was er tut, daher wird sein Tun «objektive Kunst» genannt. Er weiß Bescheid, was es in den Menschen bewirkt. Er weiß, was es zur Folge hat, wenn über etwas Bestimmtes meditiert wird. Er geht rein wissenschaftlich vor.

Wenn du über eine Buddha-Statue meditierst, wirst du auf einmal verspüren, wie du kühl, still und ruhig wirst. Du wirst beim Meditieren über eine Buddha-Statue unversehens in ein gewisses Gleichgewicht fallen. Wenn du in einer Vollmondnacht über den Tadsch Mahal meditierst – ein Kunstwerk der Sufis, von Sufis erschaffen, eine Botschaft der Liebe –, wenn du bei Vollmond hingehst und still dasitzt, ohne an den Tadsch Mahal zu denken, ohne dummes Zeug zu sagen wie «Oh wie schön!», wenn du nur meditierst, nur in dich aufnimmst, wird dir ein Licht aufgehen. So wie der Mond aufgeht, geht auch etwas in dir auf. So wie der Lärm der Stadt verebbt, wird auch dein lärmender Verstand verebben. Der Tadsch Mahal kann dir ein großes meditatives Erlebnis schenken.

Und es ist nicht nur eine Erfahrung der Meditation – das ist der Unterschied zwischen Tadsch Mahal und Ajanta. Beim Tadsch Mahal wirst du in der Stille vor Liebe überfließen. In Ajanta wird keine Liebe aufkommen, nur Meditation. Ajanta wurde durch buddhistische Mystiker erschaffen, die an Bewusstheit glaubten und an nichts sonst. Sufis glauben an die Liebe – Meditation ist Teil davon.
Objektive Kunst bedeutet, dass jemand am Werk war, der weiß, was er tut, der eine gewisse Form aus der anderen Dimension in diese Welt bringt. Im Beobachten dieser Form entsteht auch in dir eine Form, ein Lied. Wenn du dieses Lied singst, verwandelst du dich in ein Mantra.[58]

Der älteste Zweig der Musik entstammt aus der Meditation. Leute, die meditierten, fanden keinen Weg, um ihre Erfahrungen anderen mitzuteilen. Also erfanden sie verschiedene Instrumente, um etwas damit auszudrücken, das keine Bedeutung in euch hervorruft, wohl aber eine Freude, einen Tanz in euch erweckt. ❧ Es muss eine ungemein wertvolle Offenbarung gewesen sein, eine Sprache zu entdecken, die gar keine Sprache ist. Laute haben an sich keine Bedeutung. Bedeutung wird ihnen erst von den Menschen zugeschrieben. Laute sind etwas Natürliches. Der Wind, der durch die Tannen weht, erzeugt einen Ton, eine eigene Musik. Auch ein Fluss, der durch die Felsen des Gebirges stürzt, hat seinen eigenen Klang, seine eigene Musik. ❧ Ich gehe davon aus, dass Meditierende, die der inneren Stille lauschten, gespürt haben müsen, wie überaus schwierig es war, ihre Erfahrung anderen mitzuteilen. In jenen Urzeiten wurde die Musik entdeckt. Es war ganz einfach: Nimm den Lauten ihre Bedeutung und gib ihnen stattdessen Harmonie, gib ihnen einen Rhythmus, der mitten ins Herz dringt. Er sagt nichts, und doch sagt er alles, auch das Unsagbare. ❧ Üblicherweise sind die Leute der Ansicht, Musik bestehe aus Tönen, doch das ist erst die halbe Wahrheit und längst nicht so wichtig. Wenn die Musik tiefer und tiefer geht, besteht sie aus der Stille zwischen zwei Tönen. ❧ Ein altes chinesisches Sprichwort lautet: «Wenn der Musiker vollkommen wird, wirft er sein Instrument weg.» Instrumente können nur Klänge erzeugen. Die Stille wird vom Musiker erzeugt.

Aber mit seiner zunehmenden Vollkommenheit werden dieselben Töne, die ein kleines Stück Stille erzeugt haben, immer störender – eine merkwürdige, aber sehr sinnhafte Vorstellung, die auf jede Kunstgattung zutrifft. Wenn der Bogenschütze vollkommen wird, wirft er Pfeil und Bogen weg, denn wenn sein Auge einen Vogel im Flug trifft, wird der Vogel getroffen zur Erde fallen. Pfeil und Bogen waren nur eine Vorbereitung dazu. ❧ Dasselbe gilt für die Musik, für die Malerei, für alle Künste, die der Mensch entdeckt hat. Auf dem Gipfel brauchst du die Leiter, die dir geholfen hat, den höchsten Punkt zu erreichen, nicht mehr. Sie wird irrelevant. Die klassische Musik war der Stille und Meditation gewidmet. ❧ Man erzählt sich eine schöne Geschichte über einen Nabob von Lucknow. Lucknow galt über Jahrhunderte hinweg als die kultivierteste und raffinierteste Stadt Indiens. Die Künste waren geachtet, und die Weisheit wurde hoch gepriesen. ❧ Der Nabob, der König von Lucknow, war ein sehr mutiger und einsichtiger Herrscher. Solche Leute werden vom einfachen Mann leicht missverstanden. Bevor ich euch die Geschichte des Musikers erzähle, sollt ihr etwas über den König erfahren, der ihn nach Lucknow an seinen Hof einlud. ❧ Er war der letzte König von Lucknow. Als die britische Armee in Lucknow einmarschierte, hörte er Musik. Er war informiert worden, dass das britische Heer immer näher rückte. Er sagte: «Heißt sie willkommen. Sie sind unsere Gäste.» Wo sonst hat ein König seine Feinde je als Gäste empfangen? Er sagte zu seinen Leuten: «Trefft alle Vorbereitungen für ihr Wohlergehen. Morgen werde ich sie bei Hof empfangen. Wenn sie bleiben wollen, können sie das von mir aus gerne tun. Wenn sie die Macht wollen, sollen sie sie haben. Es besteht kein Anlass für sinnlose Gewalt. Die Angelegenheit lässt sich auf eine kultivierte Weise regeln. Doch was das Hier und Jetzt betrifft, möchte ich die Musiker nicht unterbrechen, nur weil ein paar Dummköpfe die Stadt angreifen.» ❧ Diesem Nabob ließ es keine Ruhe, dass alle großen Musiker bis auf einen an seinem Hof gespielt hatten. Er erkundigte sich nach den Gründen seines Fernbleibens. ❧ Man sagte ihm: «Er stellt völlig unsinnige Bedingungen. Er verlangt, dass sich keiner bewegen darf, während er spielt. Wenn jemand sich bewegt oder sich im

Takt der Musik zu wiegen beginnt, soll ihm auf der Stelle der Kopf abgehauen werden. Er kommt nur, wenn diese Bedingung erfüllt wird.» ❧ Der Nabob meinte: «Das hättet ihr mir früher sagen sollen. Ladet ihn ein und sagt ihm, der Bedingung werde stattgegeben. Und macht in der ganzen schönen Stadt Lucknow bekannt, dass jeder, der seine Musik hören will, sich an seine Bedingung hält, sonst soll er besser wegbleiben.» ❧ Fast zehntausend Leute kamen, um den Musiker zu hören. Und der Nabob war ein Mann, der Wort hielt. Tausend Soldaten mit gezückten Schwertern umringten die Zuhörer. Sie erhielten den Befehl, sich jeden zu merken, der sich bewegte, denn ihn sogleich zu köpfen hätte das Konzert zu sehr gestört. ❧ Nur zwölf Köpfe bewegten sich. Sie wurden notiert. Mitten in der Nacht fragte der Musiker: «Ist meine Bedingung erfüllt worden?» ❧ Der König erwiderte: «Ja. Hier sind die zwölf Leute, die sich bewegt und gewiegt haben und die Bedingung vergaßen. Jetzt liegt es an dir. Was meinst du? Sollen wir sie köpfen?» ❧ Zur allgemeinen Überraschung sagte der Musiker: «Das sind die einzigen Leute, die es wert sind, mir zuzuhören. Lass alle anderen jetzt gehen. Sie haben mir nicht wirklich zugehört, sie waren zu sehr auf der Hut. Jede zufällige Bewegung konnte den Tod bedeuten, jeder Wechsel der Stellung gefährlich werden. Sie waren zu sehr mit ihrem Leben beschäftigt. Meine Musik ist nichts für sie. Lass sie gehen. Jetzt kann ich die restliche Nacht für dich und für diese zwölf Leute hier wirklich Musik machen.» Wer hätte das gedacht?... ❧ Der Nabob meinte: «Das ist eine recht merkwürdige Methode, um die richtigen Leute zu finden», doch der Musiker erwiderte: «Es ist die einzige Möglichkeit. Dies sind die Leute, denen Musik mehr als ihr Leben bedeutet.» ❧ Sie hatten die Bedingung tatsächlich völlig vergessen. Musik berührte ihr Herz, und sie begannen sich nach ihr zu wiegen. Ein Tanz trat in ihr Wesen. Die restliche Nacht spielte der Musiker nur für diese zwölf Leute. Und zum Nabob sagte er, er wünsche keine Belohnung – Leute zu finden, die wirklich zuhören konnten, sei ihm Belohnung genug. «Bitte belohne diese Leute, denn für sie ist Musik Meditation...» ❧ Man kann diese Geschichte von zwei Seiten anschauen: Entweder fanden Meditierende zur Musik oder Musiker zur Meditation. Beides ist aufs Engste miteinander verknüpft. Nach meiner Erfahrung ist Meditation eine viel höhere und viel tiefer reichende Erfahrung; die Musik muss daher von Meditierenden entdeckt worden sein als eine Sprache, um die Menschen, die sie liebten, an ihrem inneren Tanz, ihrer inneren Stille teilhaben zu lassen. ❧ Die alte Musik im Osten fordert nicht nur Übung vom Musiker, auch der Zuhörer muss sich ausführlich darin üben. Nicht jeder kann die alte klassiche Musik verstehen. Man muss sich in ihre Harmonie einstimmen können. Man muss gewissermaßen selbst verschwinden, so dass nur die Musik bleibt. ❧ Alle großen Musiker, Tänzer, Maler und Bildhauer haben die Erfahrung gemacht, dass sie im tiefsten Zustand ihrer Kreativität aufhören zu sein. Ihre Kreativität gibt ihnen einen Geschmack davon, wie es ist, sich ins Universum aufzulösen. So schließen sie erstmals Bekanntschaft mit Meditation. Es ist also beides möglich: Musik hat Menschen zur Meditation geführt, oder Meditation hat versucht, ein Mittel zu finden, um das Unsagbare auszudrücken. So oder so ist Musik die höchste Schöpfung, derer ein Mensch fähig ist.[59]

Der Mystiker Nanak wurde stets von einem Musiker begleitet. Bevor Nanak sprach, bat er seinen Schüler Mardana, auf seiner Veena zu spielen, um die geeignete Atmosphäre für seine Worte zu schaffen. Und wenn er geendet hatte, bat er Mardana aufs Neue, so schön wie nur möglich zu musizieren: «Damit die Leute, die gekommen sind, um mir zuzuhören, auch wirklich verstehen, dass Worte impotent sind. Musik ist der Anfang und das Ende. Ich muss Worte gebrauchen, weil ihr nicht gewahr seid, dass es höhere Formen der Verständigung gibt.» ❧ Mardana folgte Nanak überallhin. Nanak gilt als der Mystiker, der am meisten umherzog. Er reiste durch ganz Indien, ging nach Ceylon und gelangte schließlich nach Afghanistan und nach Saudi-Arabien, wo er die Kaaba, das Heiligtum der Mohammedaner, aufsuchte. ❧ Es war Abend, als er dort ankam. Sein Name und sein Ruhm waren ihm vorausgeeilt. Doch die Priester der Kaaba konnten kaum glauben, dass sich ein Mystiker vom Rang eines Nanak, von dem sie schon so viel gehört hatten, so ungebührlich verhalten konnte, denn als die Nacht hereinbrach und er sein Lager bereitete und Mardana beauftragte, alles Nötige vorzukehren, schliefen beide mit den Füßen zur Kaaba hin. Für die Mohammedaner war das eine grobe Beleidigung. Sie fühlten sich verhöhnt und sagten zu Nanak: «Du bist gar kein Mystiker! Du hast schlechte Manieren und beleidigst uns.» ❧ Nanak sagte: «Ärgert euch bitte nicht über mich! Ich habe schon genug Schwierigkeiten. Das Problem ist, dass meine Füße immer zum Göttlichen hinweisen, wohin ich sie auch ausstrecke. Denn außer dem Göttlichen existiert nichts. Ich habe es nicht absichtlich getan, doch wenn ihr euch beleidigt fühlt, könnt ihr gerne meine Beine so drehen, wie es euch richtig scheint.» ❧ Und die Geschichte endet sehr schön: Als Nanaks Füße hin- und hergedreht wurden, begann sich zur Verblüffung der Priester die Kaaba in dieselbe Richtung wie die Füße zu bewegen. Vielleicht ist das eine Parabel. Die Kaaba ist nur ein Stein, und von Steinen kann man keine große Sensibilität erwarten. Aber es deutet klar daraufhin, dass die ganze Existenz randvoll ist, dass sie mit einer einzigen Musik, einem einzigen Tanz, einer einzigen Göttlichkeit pulsiert.[60]

Alles im Leben, was von echtem Wert ist, ist aus Meditation entstanden. Anders geht es nicht. Meditation ist die Mutter der Kunst, der Musik, der Poesie, des Tanzes, der Bildhauerei. Alles Kreative, alles Lebensbejahende ist aus Meditation geboren.[61]

Es gibt eine berühmte Geschichte über Tansen. Er war der Musiker am Hof von Akbar. Akbar war viel daran gelegen, nur das Beste vom Besten an seinem Hof zu halten – den besten Musiker, den besten Dichter, den besten Philosophen und so weiter und so fort. Er hatte Tansen ausgewählt, weil dieser wohl einer der größten Musiker war, den die Welt je hervorgebracht hat. ❧ Akbar hatte befohlen, dass in der ganzen Nachbarschaft, wo Tansen wohnte, niemand Musik machen durfte, um Tansen ja nicht zu stören. Jeder, der dort musizierte, wurde ins Gefängnis gesteckt oder musste die Herausforderung annehmen und am Hof mit seiner Musik gegen Tansen antreten. ❧ Es kamen viele Leute, und alle wurden besiegt, denn Tansen hatte stets etwas Erhabeneres zu bieten. Doch da war ein Mann namens Baiju Bawara. Eigentlich hieß er bloß Baiju; *bawara* bedeutet «verrückt». Die Leute hielten ihn für verrückt, und so wurde er bald Baiju Bawara gerufen. Er setzte alles daran, ein so guter Musiker zu werden, dass er Tansen übertreffen konnte. ❧ Den ganzen Tag arbeitete er hart an sich. Um den letzten Schliff zu erhalten, ging er zu Haridas, dem Lehrer von Tansen. Haridas war sehr glücklich: «Ich hätte nie gedacht, dass noch jemand von Tansens Format mein Schüler sein würde. Du hast dieselbe Qualität wie er. Nur etwas fehlt noch: In dir steckt der Wunsch, jemanden zu besiegen, und das macht dein Wesen unmusikalisch. Du besitzt schöne Instrumente, und deine Kunst ist hervorragend, doch dein Herz ist nicht voll bei der Sache, weil es davon träumt, jemanden zu besiegen.

Und solange du diese Vorstellung nicht aufgibst, wirst du Tansen nie ebenbürtig werden. Er trachtet nicht danach, jemanden zu besiegen, darum gewinnt er stets aufs Neue. ❧ Es fiel Baiju Bawara schwer, sich diesen Wunsch aus dem Kopf zu schlagen, denn nur deswegen hatte er sein ganzes Leben der Musik gewidmet. Doch wenn der Meister es sagte, war es wohl besser, sich danach zu richten. Und mit der Zeit vergaß er Tansen völlig. ❧ Als Haridas sehr alt geworden war, erkrankte er. Seine Beine waren gelähmt, daher konnte er nicht mehr von seiner kleinen Hütte zum nahen Krischna-Tempel gehen. Doch ohne Krischna zu sehen brachte er keinen Bissen mehr herunter. Viele Ärzte versuchten ihn zu kurieren, doch keiner konnte ihm helfen. ❧ Baiju Bawara hörte davon. Er kam aus seinem Dorf herbeigeeilt und sang und spielte früh am Morgen, zu der Zeit, da Haridas aufzustehen pflegte, ein Lied: «Meine Augen dürsten nach dir. Gib meinen Beinen Kraft. Sonst bist du schuld, dass ich dich nicht sehen kann. Lass mich nicht im Stich!» ❧ Und er sang so schön und spielte dazu so ergreifend, dass Haridas aufstand, zu Krischnas Tempel hinüberging, auf dessen Stufen Baiju Bawara saß und spielte, und Krischna anbetete. Als er wieder heraustrat, sagte er zu Baiju Bawara: «Jetzt kannst du gehen und dich mit Tansen messen. Jetzt hast du nicht mehr den Wunsch, der Bessere zu sein. Und wenn deine Musik meine Beine heilen kann, so hast du den Schlüssel gefunden, der dir alle Türen öffnet.» ❧ Doch Baiju Bawara sagte: «Was soll's? Ich habe mich in die Musik verliebt und Tansen dabei ganz vergessen. Es war ein kindischer Wunsch. Und du hattest übrigens Recht – ich wäre besiegt worden. Und ebenso richtig ist, dass ich heute gewinnen würde. Doch jetzt ist kein Wunsch mehr in mir ...» ❧ Haridas sagte: «Baiju, du bist wirklich bawara, du bist wirklich verrückt. Jetzt bist du an dem Punkt angelangt, wo du gewinnen kannst.» ❧ Baiju ging nie hin. Aber weil Haridas es selbst bestätigt hatte, durfte er vollkommen gewiss sein, dass er über Tansen hinausgewachsen war. Und indem er davon absah, sich mit Tansen zu messen, bewies er, dass seine Musik nichts Profanes, sondern etwas Heiliges war. Sie war zu seiner Meditation geworden.[62]

Im Osten haben wir ein tieferes Verständnis von Gott … Die Schöpfung ist nicht etwas von Gott Getrenntes: sie ist sein Spiel, sie ist er selbst, der sich in vielen Formen versteckt. Hier ist er zu einem Felsen geworden, dort wurde er zur Blume. Hier ist er ein Sünder, und dort ist er ein Heiliger. Das Ganze ist sein Spiel. Und er ist der einzige Schauspieler darin und verteilt sich in seine Rollen. Er ist in Jesus und er ist in Judas.

Im Osten ist Gott keine Person – Gott ist der Stoff, aus dem das Universum gemacht ist. Gott ist kein Schöpfer – Gott ist Schöpferkraft. Schöpfer und Schöpfung sind nur zwei Aspekte derselben schöpferischen Energie.

Der Westen hat die Vorstellung von Gott als einem Maler, der ein Bild malt. Wenn das Bild endlich fertig ist, ist es etwas vom Maler Getrenntes. Er kann sterben, aber das Bild wird bleiben. Im Osten stellen wir uns Gott und die Welt nicht als einen Maler und ein Gemälde vor, wir sehen Gott als Tänzer, Nataraj. Man kann den Tänzer nicht vom Tanz trennen; geht der Tänzer, so ist auch der Tanz dahin. Und wenn der Tanz aufhört, ist man kein Tänzer mehr. Tänzer und Tanz existieren zusammen; sie kommen nicht getrennt vor, man kann sie nicht voneinander trennen.

Gott ist eher wie ein Tänzer. Ich bin eine seiner Bewegungen, du bist ebenfalls eine seiner Bewegungen, ob du es erkennst oder nicht. Der einzige Unterschied besteht darin, dass ein paar wenige Menschen erkennen, dass sie Gott sind, und die anderen nicht. Der Unterschied liegt nicht in eurem Wesen, er liegt nur in der Erkenntnis begründet.[63]

In der klassischen indischen Musik gilt es seit jeher als erwiesen, dass man eine Sitar, ein indisches Musikinstrument, in einem leeren Raum in eine Ecke stellen und ihr gegenüber einen Meister seine eigene Sitar spielen lassen kann; und sofern er ein wahrer Meister seines Fachs ist, beginnt erstaunlicherweise die Sitar gegenüber im selben Ton zu vibrieren. Das ist Synchronizität! ❧ Eine unsichtbare Schwingung der vom Meister gespielten Musik breitet sich langsam im Raum aus, kleinen Wellenringen vergleichbar, die entstehen und sich bis zum anderen Ufer ausbreiten, wenn man einen Stein in einen stillen See wirft. Auf dieselbe Weise erzeugt jede Note des Meisters eine kleine Schwingung in der Luft, und diese Wellen pflanzen sich fort. Wenn sie auf die andere Sitar treffen, schlagen sie deren Saiten an. Doch der Meister muss sein Instrument vollkommen beherrschen, denn die Saiten an der anderen Sitar bedürfen einer sehr empfindsamen Berührung, nur dann beginnen sie langsam mitzuschwingen. Große Meister haben auf diese Weise gespielt und uns das Kunststück vorgeführt. ❧ Akbar, der Mogulkaiser von Indien, zeigte sich sehr interessiert, als er davon hörte. Er hielt sich einen der größten Musiker an seinem Hof, Tansen, und wollte von ihm mehr darüber wissen. Tansen sagte: «Ich bin ein sehr guter Musiker, aber das übersteigt mein Vermögen. Jedoch mein Meister kann das.» ❧ Akbar fragte: «Gibt es denn jemanden, der besser spielen kann als du?» So viele Musiker hatten schon versucht, Tansen zu besiegen und ein Mitglied jenes Kreises zu werden,

den Akbar «Die neun Juwelen» genannt hatte – neun hervorragende Köpfe, einer für jeden Aspekt des Lebens. Tansen war einer von ihnen. Tansen erwiderte: «Ja, es gibt einen: mein Meister.» ❧ Akbar sagte: «Ich möchte ihn gerne einladen. Wir werden ihn empfangen, wie vor ihm noch nie jemand empfangen wurde. Ich will ihn unbedingt hören.» ❧ Tansen sagte: «Deshalb habe ich dir nie seinen Namen genannt. Ich singe und mache Musik, weil ich voller Wünsche und Erwartungen bin. Du hast mir schon so viel gegeben, doch ich will immer mehr, und das nimmt kein Ende. Ich spiele, weil ich etwas dafür bekommen möchte. Mein Meister hat es bereits. Er spielt, weil er etwas besitzt, das er zum Ausdruck bringen und weitergeben muss. Ich spiele, um etwas zu erhalten. Ich bin ein Bettler, er ist ein Meister. Er wird nie und nimmer an den Hof kommen – nur Bettler wie ich können das. Wieso sollte er? Du wirst zu ihm gehen müssen, wenn du daran interessiert bist. Der Durstige geht zum Brunnen. Deshalb habe ich seinen Namen nie erwähnt, denn sonst hättest du mich sogleich gebeten, ihn herzurufen, und es wäre unhöflich gewesen, dir deine Bitte abzuschlagen. Das ist das Dilemma. ❧ In den Augen der Welt ist er ein alter Bettler. Er lebt nicht weit von deinem Palast, ganz in der Nähe, unten am Fluss Yamuna. Dort steht seine Hütte. Du wirst zu ihm gehen müssen. Und du kannst ihm auch nicht einfach befehlen, für dich zu spielen. Du kannst dich verstecken und zuhören, wie er spielt, denn wenn er uns sieht, hört er vielleicht auf damit, um uns willkommen zu heißen. Er spielt jeden Tag um drei Uhr früh. Wir müssen uns in der Nähe der Hütte verbergen. Du kannst meine Sitar mitnehmen und sie draußen vor der Hütte aufstellen und schauen, was dann geschieht.» ❧ Tansen und Akbar schlichen sich hin, stellten die Sitar auf, setzten sich vor die Hütte und warteten, bis es so weit war. Pünktlich um drei Uhr begann Tansens Meister zu spielen. Sein Name war Haridas. Indien hat wohl nie einen vergleichbaren Musiker hervorgebracht. Sobald er zu spielen anfing, begann die andere Sitar draußen in genau derselben Melodie mitzuschwingen. Akbar sah sie mit eigenen Augen vibrieren und antworten, als würde der Meister auf beiden zugleich spielen, als hätten sich unsichtbare Finger zu der draußen wartenden Sitar gestreckt. Zum ersten Mal begann Akbar zu weinen. Freudentränen traten ihm in die Augen. Langsam, ohne ein Wort zu sprechen, gingen sie zurück. Doch als Akbar seinen Palast betrat und Tansen sich verabschieden wollte, um nach Hause zu gehen, sagte Akbar: «Tansen, ich glaubte stets, dass niemand besser spielen kann als du. Aber leider muss ich dir sagen, dass du in keiner Weise an deinen Meister heranreichst. Warum vergeudest du deine Zeit an meinem Hof? Warum bist du nicht bei deinem Meister? Wenn selbst ein totes Musikinstrument empfänglich für die Musik dieses Mannes ist, was wäre da erst möglich zwischen dir und ihm? Wunder könnten geschehen! Vergiss den Königshof, vergiss auch mich! Und Haridas ist schon alt. Bleibe bei ihm, setze dich ihm zur Seite und lasse seine Energie in dich einfließen, lasse dich von seiner Musik entflammen.» ❧

Dies ist das Gesetz der Synchronizität.[64]

Die westliche Gesellschaft weiß zu ihrem Leidwesen nichts von Meditation. Alles, was dort entsteht, entspringt dem Denken. Doch der Verstand ist keine Quelle der Freude. Er kann nur Agonie erzeugen, keine Ekstase. Der Verstand ist eure Hölle.

Lernt also, mehr meditativ zu sein, und gebt eurer Kreativität einen Platz hinter eurer meditativen Haltung. Dann werdet ihr einen ganz anderen Seinszustand erlangen – den der Ekstase. Und was auch immer aus der Ekstase heraus erschaffen wird, trägt etwas von diesem Duft in sich.

Im Westen ist Gurdjieff wohl der einzige Mensch, der die Kunst in objektive Kunst und in subjektive Kunst unterschied. Subjektive Kunst kommt aus dem Kopf, sie entspringt aus Angst und Not. Objektive Kunst – der Tadsch Mahal, die Höhlen von Ellora und Ajanta, die Tempel von Khajuraho – stammt von meditativen Menschen. Aus ihrer Liebe, aus ihrer Stille heraus wollten sie sich anderen Menschen mitteilen. Das ist ihr Beitrag an diese Welt. Der westliche Künstler hat eine sehr schwere Bürde mit sich herumgeschleppt. Es ist Zeit, ihn darauf hinzuweisen, dass jenseits des Denkens noch etwas Höheres existiert. Gelange zuerst zu diesem Höheren, dann kannst du nach den Sternen greifen und sie dir herunterholen. Und sie werden nicht nur dir selbst Freude bereiten, sondern allen, die sie sehen.[65]

Die Erbauer des Tadsch Mahal, eines wahrhaftigen Kunstwerkes, waren Sufi-Mystiker, die wussten, was Meditation ist. Sie erbauten den Tadsch Mahal auf eine ganz bestimmte Weise. In einer Vollmondnacht Punkt neun Uhr abends brauchst du nur dort zu sitzen und die allerschönste Architektur der ganzen Welt auf dich wirken zu lassen und wirst dabei unwillkürlich still, friedvoll und heiter gestimmt. Etwas überträgt sich vom Tadsch Mahal auf dich.

Gurdjieff nannte den Tadsch Mahal «objektive Kunst» – von Menschen gemacht, die völlig bewusst und fähig sind, etwas zu erschaffen, das den Menschen bei ihrem Wachstum helfen kann...

Für die Erbauer des Tadsch Mahal ging es nicht darum, sich auszulassen; es war der Versuch, etwas zu erschaffen, das ihrer Erfahrung entsprang und euch dieselbe Erfahrung oder wenigstens einen flüchtigen Eindruck davon vermitteln kann. In Indien gibt es viele Stätten objektiver Kunst. Kein Wunder, dass sie sich gerade in Indien befinden, denn dieses Land hat sich seit zehntausend Jahren intensiv mit medi-

tativen Methoden befasst. Die Höhlen von Ajanta und Ellora… Es gibt viele Höhlen dort, der ganze Berg wurde ausgehöhlt. Man hat große Höhlen in den Fels gehauen, eine ganze Reihe, vielleicht dreißig oder fünfunddreißig. Jede hat ihre eigene Schönheit – und nicht nur ihre eigene Schönheit, sondern auch ihr ganz eigenes meditatives Aroma.[66]

In den Höhlen von Ajanta gibt es eine buddhistische Gebetshalle, in welcher die Steinquader Töne mit derselben Intensität widerhallen lassen wie eine Tabla, ein indisches Musikinstrument. Wenn wir diese Steine mit der gleichen Kraft anschlagen, wie sie beim Tablaspiel benutzt wird, erklingen sie ebenso laut. Gewöhnliche Steinquader, wie sie beim Bau von Kuppeln verwendet werden, besitzen nicht die Fähigkeit, gewisse sehr subtile Töne widerhallen zu lassen, daher wurden jene spezifischen Steine dazu verwendet. Aber wozu das Ganze? Es bewirkt, dass die Kuppel des Tempels den Ton zurückwirft und damit einen Klangkreis bildet, wenn jemand dort inbrünstig Aum singt. Die Tempelkuppel hilft allein schon durch ihre Bauweise den Kreis zu schließen, indem sie die Töne widerhallen lässt. Einen solchen Klangkreis zu erleben hat etwas sehr Beglückendes. Wenn man unter freiem Himmel Aum singt, kann sich kein Klangkreis formieren und man kommt nie in den Genuss dieser Freude.[67]

Bei Vollmond, wenn der Mond genau in der Himmelsmitte steht, wird der Tadsch Mahal zum großartigsten Meditationsgegenstand, den Menschen je geschaffen haben. Setzt euch still hin und schaut ihn an, und allein schon vom Betrachten werden eure Gedanken abklingen. Seine Schönheit ist so eindrücklich, dass euer Verstand nicht mehr weiter weiß. Er kann es nicht fassen, daher wird er still.[68]

In Indien findet sich eine ungeheure Fülle von Skulpturen – Millionen von Tempeln mit großartigen Statuen von Männern und Frauen, die im Grunde alle der Meditation gewidmet sind. Allein schon vom Anschauen einer Buddha-Statue wirst du eine gewisse heitere Gelassenheit in dir verspüren… ihre Proportionen, der Körper, die Haltung, die Art, wie Buddha sitzt, die halb geschlossenen Augen. Sitze ruhig da und schaue die Statue an, und es wird immer stiller in dir werden…

Im Osten wird eine Statue nicht um ihrer selbst willen gestaltet, sondern als eine verschlüsselte Botschaft für kommende Jahrhunderte. Schriften können verschwinden, Sprachen können sich verändern, Worte können so oder so interpretiert werden, eine Doktrin lässt sich falsch deuten oder kommentieren. Über Theorien kann man disputieren, was auch häufig stattgefunden hat. Daher suchte man nach einem anderen Weg, als mit Hilfe von Sprache zu kommunizieren.[69]

Wie viele Künstler, Kunsthandwerker, Bildhauer wurden wohl angestellt, um tausend Tempel zu erbauen, eine ganze Stadt von Tempeln? Wie viele Jahre brauchten sie wohl dafür? Und dies ist nicht etwa die einzige Stätte in Indien.

Da gibt es Ajanta, eine Reihe von Höhlen, die von Buddhisten geschaffen wurden. Der ganze Berg... meilenweit hat man Höhlen aus dem Berg herausgemeißelt. Und in diesen Höhlen finden sich unbeschreibliche Kunstschätze von erlesener Schönheit. Buddhas ganzes Leben in Stein!

Wenn man die erste Höhle betritt, findet man dort Buddhas Geburt. Und es sind nicht etwa kleine Höhlen. Sie wurden in hartes Gestein gehauen. Das ganze Leben Buddhas entfaltet sich langsam in jeder weiteren Höhle. Und in der letzten schläft Buddha...

Es ist der letzte Augenblick seines Lebens. Er sagte zu seinen Schülern: «Wenn ihr noch Fragen habt, so fragt. Sonst gehe ich jetzt für immer in den ewigen Schlaf.» Er hat nicht einmal ein Kissen. Seine Hand dient ihm als Kissen. So eine riesige Statue, und so schön! Dann gibt es die Höhlen von Ellora, auch sie in den Berg gemeißelt. Es gibt Hindu-Tempel in Jagganath Puri, in Konarak. Ihr könnt euch kaum vorstellen, was die Kunst über die Jahrhunderte erschaffen hat.[70]

In indischen Tempeln stehen Statuen von Buddha, in Jaina-Tempeln hingegen solche von Mahavira und dreiundzwanzig weiteren Jaina-Propheten. Es lässt sich kein Unterschied zwischen diesen vierundzwanzig *Tirthankaras* und Gautama Buddha feststellen, mit einer einzigen Ausnahme: Buddha hat das Haar wie zu einer Krone hochgetürmt, während die *Tirthankaras* der Jaina keine Haare haben. Sonst sieht man keinen Unterschied, ihre Positur ist dieselbe...

Und auch die vierundzwanzig *Tirthankaras* können nicht einmal von den Jaina selbst auseinander gehalten werden, daher müssen sie für jeden ein Symbol erfinden. Unten an der Statue steht das Symbol für Mahavira oder ein anderes Symbol. Will man wissen, wen eine Statue darstellt, lässt sich anhand des Symbols der Name feststellen. Sonst gibt es kein Unterscheidungsmerkmal.

Ich besuchte einen berühmten Jaina-Tempel. Der Priester war ein sehr gelehrter Mann. Ich fragte ihn: «Halten Sie es für möglich, dass sich

vierundzwanzig Menschen, über einen langen Zeitraum hinweg verteilt, aufs Haar gleichen?»
Er meinte: «Ich habe mir diese Frage noch nie gestellt, und es hat sich auch noch nie jemand danach erkundigt. Aber vierundzwanzig Personen können unmöglich genau gleich aussehen – die Augen, die Nase, das Gesicht der Körper...»
Ich sagte zu ihm: «Sie sollten das abklären!»
Als ich am nächsten Tag abreiste, sagte er: «Ich konnte die ganze Nacht kein Auge zumachen. Ich sehe keine Möglichkeit, wie sich das herausfinden lässt. In den Schriften steht nichts. Ihre Frage ist sehr berechtigt, das lässt sich nicht bestreiten.»
Ich sagte: «Nur keine Sorgen, ich weiß die Antwort. Diese Statuen repräsentieren keine persönlichen Identitäten, sie repräsentieren die Qualität von Meditation, Stille, Schönheit und Zentriertheit. Es war gut, dass sich die Bildhauer nie um körperliche Unterschiede kümmerten, sondern auf die spirituelle Ähnlichkeit schauten. Dies sind nicht Abbilder von menschlichen Körpern, denn vierundzwanzig Personen können nicht genau gleich aussehen. Man achtete auf die spirituellen Eigenschaften.»
Es ist ein eindrückliches Erlebnis, still in einem Jaina-Tempel zu sitzen und eine Statue von Mahavira oder einem anderen Propheten zu betrachten, sie einfach nur anzuschauen. Zu eurer Überraschung werdet ihr gewisse Qualitäten zu spüren beginnen – eine tiefe Stille, eine unbeschreibliche Schönheit.
Die Zentriertheit der Statue bewirkt eine Synchronizität: Ihr fühlt euch mehr und mehr zentriert, ruhig und ausgeglichen.[71]
Das erste Mal ging ich nur nach Khajuraho, weil meine Großmutter mich dazu drängte, aber seither bin ich unzählige Male dort gewesen. Es gibt keinen anderen Ort auf der Welt, den ich so oft aufgesucht habe. Der Grund ist einfach: Diese Erfahrung lässt sich nie voll auskosten, sie ist unerschöpflich. Je mehr man weiß, desto mehr möchte man wissen. Jede Einzelheit in den Tempeln von Khajuraho hat etwas Mysteriöses. Es muss Hunderte von Jahren und Tausende von Künstlern gekostet haben, um all die Tempel zu erschaffen. Und außer Khajuraho habe ich noch nichts gesehen, das in jeder Hinsicht als vollkommen bezeichnet werden kann.[72]
In Indien herrscht der Aberglaube, dass eine Statue, die auch nur im Geringsten beschädigt ist, nicht mehr anbetungswürdig ist und entfernt werden muss. Es gibt Millionen wunderschöne Statuen – bei einer fehlt ein Ohr, bei einer anderen die Nase, oder eine Hand ist abgebrochen,

doch das reichte schon, sie wegzuwerfen. Ich hielt mich einmal an einem Ort in der Nähe von Katni in Madhya Pradesh auf. Es gibt dort Tausende von Statuen – das ganze Dorf besteht nur aus Statuen, die so schön sind, dass Tausende von Leuten Tausende von Jahren an ihnen gearbeitet haben müssen. Niemand mehr lebt dort. Ich zog Erkundigungen ein, las in alten Amtsblättern der Regierung nach und fand nur einen einzigen Hinweis in einer alten Schrift. Dieses Dorf war das Dorf der Bildhauer gewesen. Sie befürchteten, ihre Statuen könnten zerstört werden, und umhüllten sie mit Lehm. Dann flohen sie und zündeten ihre Häuser an, damit niemand auf den Gedanken kam, dass es dort ein Dorf gäbe. Jetzt ist der Ort von dichtem Gehölz überwuchert und ganz verwildert, doch als die Siedlung noch belebt war, muss es dort einzigartig gewesen sein. Diese Statuen beweisen, dass das Dorf Abertausende von großen Künstlern beherbergt haben muss. Jetzt ist es ein Geisterdorf. Nichts als Statuen... Sie wurden während der britischen Besetzung entdeckt und von ihrer Lehmschicht befreit. Ein sensationeller Fund.

In Khajuraho, einer der berühmtesten Tempelstädte, gab es hundert Tempel. Schon einen einzelnen Tempel anzusehen ist geradezu umwerfend. Es braucht fast einen ganzen Tag dazu, so viele Statuen gibt es. Kein Fingerbreit, der nicht behauen wäre. Und die Tempel sind riesig. Sie waren ebenfalls mit Lehm bedeckt worden – kleine Lehmhügel, von denen nur dreißig wiederentdeckt und gerettet werden konnten, die restlichen siebzig wurden von den Mohammedanern zerstört. Es gibt nirgendwo auf der ganzen Welt etwas Vergleichbares. Ich habe mir unzählige Skulpturen angeschaut, vergangene und gegenwärtige, doch die Schönheit der Plastik von Khajuraho ist beinahe überirdisch – so vollkommen, dass man es kaum glauben kann.[73]

Ich möchte ganz klar festhalten, dass ein riesiger Unterschied zwischen östlicher Kunst in Ajanta, Ellora, Puri, Konarak und Khajuraho und der modernen westlichen erotisch-pornographischen Fotografie, Malerei und Musik besteht. Der Unterschied liegt darin, dass alle diese Tempel...

Man hat die allerschönsten Körper in Stein gehauen. In Khajuraho spricht, singt und tanzt der Stein, er ist nicht tot. Man sieht, wie es dem Künstler gelungen ist, toten Stein in eine lebendige Form zu verwandeln. Diese Statuen sehen so lebendig aus, als könnten sie jeden Augenblick auf dich zutreten und «Hallo!» sagen. Hunderte von Figuren...

Diese Statuen waren nicht dazu gedacht, eure unterdrückte Sexualität zu befriedigen, ganz im Gegenteil. Sie wurden als ein tantrisches Mittel verwendet, um beim Meditieren über diese nackten Statuen unterdrückte Sexualität freizusetzen.

Die Methode war ganz einfach: still dazusitzen, umringt von Hunderten von Statuen, auf die nur ein mattes Licht fiel.

Wenn du sie genau beobachtest, wirst du erstaunt feststellen, dass du manches schon geträumt hast. Viele von ihnen zeigen sexuelle Orgien, die in allen Kulturen verdammt wurden; doch in deinen Träumen sind sie vorgekommen, sie sind Teil deines Unbewussten. Stätten wie Khajuraho waren eine Art Universität, wo Leute hingingen, um sich von unterdrückter Sexualität zu befreien.

Und alle diese Statuen befinden sich außen am Tempel. Im Tempelinnern gibt es keine erotischen Skulpturen. In Wahrheit ist in den meisten Tempeln gar nichts – nur Stille, eine kühle und friedvolle Umgebung, angefüllt mit den Schwingungen von Leuten, die seit Jahrtausenden hier meditiert haben. Es galt die folgende Regel: Wenn jemand selbst spürte oder wenn sein Meister wahrnahm, dass ihn die erotischen Skulpturen außen am Tempel nicht mehr beeinflussten, keine Sexualität, keine Sinnlichkeit mehr in ihm hervorriefen, dass sie seine ganze Sexualität gereinigt hatten …

Dies ist die bedeutendste im Osten entwickelte psychologische Methode. Es wird nicht gesagt, was genau da eigentlich mit einem geschieht, und jahrelang ist das auch gar nicht nötig. Sobald der Meister wahrnimmt und du selbst merkst, dass du dasitzt, ohne dass etwas in dir angeregt wird, scheint es, als seien die Mauern leer. Wenn du dir völlig sicher sein kannst, dass sie keine Wirkung mehr auf dich haben, ist das wie ein Signal: «Jetzt ist es Zeit. Du kannst hineingehen. Jetzt ist die Tür zum Inneren, zum Innenraum offen.» All deinen Müll bist du jetzt los. Etwas Reines ist in dir, etwas Schwereloses, eine Stille voller Schönheit und Klang … Khajuraho oder Konarak sind nicht pornographisch. Es sind Hilfsmittel zum Meditieren.[74]

Seid ihr schon in Khajuraho oder Konarak gewesen? Dort werdet ihr sehen, worüber ich hier zu euch spreche. Das sind Tantra-Tempel, die heiligsten Tempel, die auf Erden existieren. Alle anderen Tempel sind gewöhnlich, bourgeois. Nur Khajuraho und Konarak sprechen eine andere

Sprache. Ihre Botschaft ist ungewöhnlich, aber wahr. Was ist ihre Botschaft?

Wer diese Tempel gesehen hat, wird überrascht gewesen sein, dass auf den äußeren, von der Sonne beschienenen Mauern alle Arten von sexuellen Stellungen zu finden sind – Männer und Frauen, die in allen denkbaren und undenkbaren, möglichen und unmöglichen Stellungen Liebe machen. Alle Außenmauern sind voller Sex. Man ist schockiert. Man denkt sich: «Wie obszön!» Man möchte es verdammen, man würde am liebsten die Augen niederschlagen und diesem Anblick entfliehen. Doch das liegt nicht am Tempel. Das liegt am Priester und an seinem Gift, das in dir ist.

Tritt ein! Sobald du in den Tempel trittst, werden die Figuren weniger und weniger, und die Liebe beginnt sich zu verändern. An den Außenmauern ist es reine Sexualität. Je weiter du hineingehst, desto mehr siehst du den Sex verschwinden. Es gibt immer noch Paare, die einander in tiefer Liebe in die Augen schauen, sich an den Händen halten und sich umarmen, aber du findest keine Sexualität mehr. Gehe noch weiter hinein. Es gibt jetzt noch weniger Figuren. Noch immer finden sich Paare, doch sie halten sich nicht einmal an den Händen, sie berühren sich nicht mehr. Gehe noch weiter hinein, und die Paare sind verschwunden. Gehe noch weiter... Im innersten Kern des Tempels, den wir im Osten Garbha, den Schoß, nennen, ist keine einzige Figur mehr. Das ganze Gewimmel ist wie weggeblasen. Es gibt nicht einmal ein Fenster nach außen. Kein Licht kommt von außen. Es herrscht tiefste Dunkelheit, Stille, Ruhe. Nicht einmal die Figur eines Gottes ist da – nur Leere, nur ein Nichts. Der innerste Kern ist pures Nichts, die äußerste Schicht ist ein Karneval. Das Innerste ist Meditation, Samadhi, das Äußerste ist Sexualität. Dies ist ein Abbild des gesamten Menschenlebens.

Doch vergiss nicht: Wenn du die äußeren Mauern zerstörst, wirst du auch den inneren Schrein zerstören, denn die innerste Stille und Dunkelheit kann nicht ohne die Außenmauern existieren, das Auge des Zyklons nicht ohne den Zyklon, das Zentrum nicht ohne die Peripherie. Beides gehört zusammen. Das Äußerste eures Lebens ist voller Sexualität – und das ist gut so und schön und absolut richtig! Khajuraho ist nur ein Abbild von euch: die Geschichte des Menschen in Stein, der menschliche Tanz in Stein – von der untersten bis zur obersten Sprosse, vom Vielen zum Einen, von der Liebe zur Meditation, vom Bezogensein auf den anderen zur eigenen Leere und zum Alleinsein. Die Erbauer dieser

Tempel waren mutige Leute.[75] Es gibt ein paar *Tirthas* – Pilgerstätten für die Ewigkeit. Kaschi ist eine von ihnen. Es gab nie eine Zeit auf dieser Erde, wo Kaschi oder Varanasi keine Tirtha war. Es ist die älteste Pilgerstätte der Menschheit und als ein langer Strom des Bewusstseins daher sehr, sehr wertvoll. So viele Menschen sind dort befreit worden, erfuhren dort Frieden und Heiligkeit, so vieler Menschen Sünden wurden dort weggewaschen. Es war ein langer, kontinuierlicher Prozess, in welchem sich die Vorstellung, man könne von seinen Sünden befreit werden, immer mehr vertiefte. Für ein einfaches Gemüt wird diese Vorstellung zum Glauben. Wenn so viel Vertrauen da ist, entfaltet ein heiliger Ort seine Wirksamkeit; andernfalls ist er nutzlos.

Ohne deine Beihilfe kann eine Tirtha dir nicht helfen. Und du selbst kannst nur mithelfen, wenn die heilige Stätte eine Kontinuität aufweist, eine Geschichte hat.

Die Hindus sagen, dass Kaschi, die Stadt Schiwas, kein Teil dieser Welt ist. Sie steht für sich, losgelöst und unzerstörbar. Andere Städte werden gebaut und wieder zerstört, doch Kaschi wird ewig bestehen. Es ist unglaublich! So viele Leute sind hier ein und aus gegangen. Buddha ging nach Kaschi, Jaina-Tirthankaras wurden in Kaschi geboren, Shankaracharya ging ebenfalls nach Kaschi, Kabir lebte in Kaschi. Kaschi hat Tirthankaras, Avataras und Heilige gesehen. Sie alle sind nicht mehr. Nur Kaschi ist geblieben.

Die Heiligkeit all dieser Leute, ihr spirituelles Erbe, ihre Schwingungen, ihr kollektiver Duft sind von Kaschi absorbiert worden und leben weiter. Dies entrückt Kaschi der Welt, zumindest metaphysisch gesehen. Kaschi ragt heraus, hat eine eigene, ewige Form erworben.

Buddha ist durch die Straßen dieser Stadt gegangen, und Kabir hat in den Gassen religiöse Vorträge gehalten. Das alles ist längst Legende, ein Traum, doch Kaschi hat all das in sich aufgenommen. Wenn jemand voller Vertrauen und Glauben diese Stadt betritt, wird er Buddha wieder durch die Straßen gehen sehen, er wird Parshvanatha sehen, er wird Tulsidas und Kabir sehen... Wenn man sich Kaschi einfühlsam nähert, ist es keine gewöhnliche Stadt wie etwa Bombay oder London, sie nimmt eine einzigartige spirituelle Form an. Ihr Bewusstsein ist uralt und ewig. Geschichte mag verloren gehen, Zivilisationen mögen geboren und zerstört werden, mögen kommen und gehen, doch Kaschis innerer Lebensfluss fließt kontinuierlich weiter.[76]

Ja, ich nenne Indien nicht ein Land, sondern einen inneren Raum. Für mich ist Indien nicht etwas, das dort draußen existiert, geographisch, auf den Landkarten verzeichnet. Ich nenne Indien, was verborgen in euch existiert und was ihr noch nicht entdeckt habt. Indien ist euer innerster Raum. Indien ist keine Nation, es ist ein Geisteszustand.[77]

Kabir blieb sein ganzes Leben Weber. Selbst Könige waren seine Schüler. Sie sagten zu ihm: «Wir fühlen uns beschämt, dass du in deinem hohen Alter noch immer webst und zum Markt gehst, um deine Stoffe zu verkaufen. Das ist doch nicht nötig! Wir können dir alles verschaffen, was dein Herz begehrt.» ❧ Kabir erwiderte: «Darum geht es nicht. Ich möchte die künftige Menschheit daran erinnern, dass selbst ein Weber erleuchtet sein und auch in seiner Erleuchtung weiter weben kann. Das gewöhnliche Handwerk eines Webers lenkt nicht von der Erleuchtung ab, im Gegenteil: Sein Weben wird sein Gebet. Was er auch tut, ist Ausdruck seiner Dankbarkeit gegenüber der Existenz. Er fällt der Erde nicht einfach zur Last, er gibt sein Bestes. Ich kann kein Bildhauer sein, ich kann kein großer Maler sein, aber ich kann voller Überzeugung sagen, dass keiner so weben kann wie ich. Ich webe mit jedem Atemzug voller Andacht und Dankbarkeit. Und die Stoffe, die ich herstelle, sind nicht nur zum Verkauf bestimmt, sondern auch um Gott zu dienen, um der Existenz zu dienen, so wie ich es am besten kann.» ❧ Das Hindu-Wort für Gott ist Ram. Kabir sprach jeden Kunden, der in seinen Laden kam, mit demselben Namen an: mit Ram. Er sagte: «Ram, ich habe für dich gewoben. Gib Acht, das ist kein gewöhnlicher Stoff. Jede seiner Fasern schwingt mit meiner Dankbarkeit, meiner Liebe, meinem Mitgefühl, meiner Andacht. Halte ihn in Ehren.»[78]

Bei Kabir gilt es zu berücksichtigen, dass er als Muslim geboren und von einem Hindu aufgezogen wurde. Und es wurde nie ersichtlich, welcher Seite er nun wirklich angehörte. Selbst als er schon im Sterben lag, diskutierten seine Schüler darüber. Die Hindus forderten seinen Leichnam, die Muslims forderten seinen Leichnam, und darüber gibt es eine schöne Parabel. ❧ Kabir hatte vor seinem Tod eine Nachricht hinterlassen. Er wusste, was geschehen würde – die Leute waren töricht, beide Seiten würden den Leichnam für sich beanspruchen und sich in den Haaren liegen. Daher hatte er eine Nachricht hinterlassen: «Wenn ihr euch nicht einig seid, dann bedeckt meinen Leichnam einfach mit einem Tuch und wartet ab. Es wird sich von allein entscheiden.» Und die Legende berichtet, dass der Leichnam bedeckt wurde, dass die Hindus zu beten begannen und dass auch die Mohammedaner zu beten begannen. Dann wurde das Laken entfernt. Kabir war verschwunden, nur ein paar Blumen lagen dort. Diese Blumen teilten sie sich. ❧ Diese Parabel ist schön. Ich nenne es eine Parabel, ich sage nicht, dass es wirklich so geschah, aber es weist auf etwas hin. Ein Mann wie Kabir ist bereits verschwunden. Er ist nicht in seinem Körper, er lebt in seinem inneren Erblühen. Sein Sahasrara, sein tausendblättriger Lotos, ist erblüht. ❧ Ihr seid nur bis zu einem gewissen Grad im Körper. Der Körper muss eine bestimmte Funktion erfüllen, nämlich das Bewusstsein erblühen zu lassen. Sobald das Bewusstsein einmal erblüht ist, ist der Körper nicht mehr wesentlich. Es spielt keine Rolle, ob er existiert oder nicht, er ist irrelevant geworden. ❧ Die Parabel ist schön. Als sie das Laken entfernten, waren nur ein paar Blumen zurückgeblieben. Kabir ist ein Erblühen. Nur ein paar Blumen blieben zurück. Und die Dummköpfe begriffen noch immer nichts und teilten sich die Blumen. ❧ Denkt daran, dass alle Ideologien gefährlich sind. Sie trennen die Menschen. Du wirst ein Hindu, du wirst ein Muslim, du wirst ein Jaina, ein Christ, und schon bist du abgesondert. Alle Ideologien erzeugen Konflikte. Alle Ideologien sind gewalttätig. Ein wirklich einsichtiger Mensch hat keine Ideologie; dadurch ist er nicht getrennt, dadurch ist er eins mit der ganzen Menschheit. Und nicht nur das – er ist eins mit der gesamten Existenz. Ein wirklich einsichtiger Mensch ist ein Erblühen. ❧ Die Lieder von Kabir sind wunderschön. Er ist ein Poet, er ist kein Philosoph. Er hat kein System erschaffen. Er ist kein Theoretiker und kein Theologe, er ist nicht an Lehrmeinungen und Schriften interessiert. Er interessiert sich einzig dafür, wie man erblühen und ein Gott werden kann. Sein ganzes Bemühen richtet sich darauf, euch liebevoller und bewusster zu machen. ❧ Es geht nicht darum, viel zu lernen, ganz im Gegenteil: Es geht darum, viel zu verlernen. In dieser Hinsicht ist Kabir einzigartig. Buddha, Mahavira, Krischna, Ram waren alle etwas Besonderes. Sie waren Könige, gebildet und kultiviert. Kabir ist ein Niemand, ein Mann des Volkes, sehr arm, sehr gewöhnlich, ohne jede Bildung, ohne jede Kultur. Das macht seine Einzigartigkeit aus. Und wieso das? Weil es etwas vom Außergewöhnlichsten ist, in dieser Welt gewöhnlich zu sein. Kabir war sehr gewöhnlich, und er blieb es auch.[79]

In Indien lebte einst ein großer Mystiker namens Farid. Ein Schüler brachte ihm eine sehr wertvolle goldene, mit Diamanten besetzte Schere, ein kostbares Kunstwerk. Er wollte sie ihm zum Geschenk machen, doch Farid sagte: «Was soll ich damit? Wenn du mir etwas schenken willst, gib mir Nadel und Faden. Denn ich bin ein Liebender, ich füge die Dinge zusammen.»[80]

Farid war ein Zeitgenosse von Kabir, Nanak und anderen großen Mystikern. Ich liebe ihn. In seinen Liedern nennt er sich selbst Farida. Er wendet sich stets an sich selbst, nie an andere. Er beginnt immer mit: «Farida, hörst du zu? Farida, sei wach! Farida, tue dies, tue jenes!» In Hindi klingt es respektierlich, wenn man den Namen Farid verwendet. Jemanden Farida zu nennen ist nicht sehr respektierlich, man nennt nur Diener so. Farid nennt sich selbst Farida, denn er ist der Meister, der Körper ist der Diener.

Farid hat nie ein Buch geschrieben, doch seine Lieder wurden von seinen Schülern aufgeschrieben. Seine Lieder sind wunderschön, aber am besten hören sie sich an, wenn sie von einem Pandschabi gesungen werden. Farid lebte im Pandschab, seine Lieder sind auf Pandschabi geschrieben. Sie berühren dich im Innersten. Wenn du Farids Lieder auf Pandschabi gesungen hörst, beginnt dir das Herz zu zerspringen.[81]

Nanak reiste durch ganz Indien und zog auch außerhalb Indiens herum. Er ist der einzige große indische Mystiker, der je die Grenzen Indiens überschritt. Er hatte auf allen Reisen nur einen einzigen Schüler bei sich. Er ging hierhin und dorthin, nach Sri Lanka, nach Mekka und Medina in Saudi-Arabien, alles zu Fuß. Alles, was er tat, war unter einem Baum zu sitzen und zu singen, während sein Schüler Mardana auf einem bestimmten Musikinstrument spielte. Mardana machte Musik, und Nanak sang dazu. Und in Nanaks Liedern und in Mardanas Musik war so viel Schönheit, dass selbst Leute, die ihre Sprache nicht verstanden, herbeiliefen und sich zu ihnen setzten. ❧ Wenn die Musik zu Ende war, saß Nanak still da. Die Leute waren von der Musik ganz verzaubert, ohne die Worte zu verstehen, denn es war nicht ihre Sprache. Ein paar gingen weg, andere blieben sitzen, denn inzwischen war auch Nanaks Stille zu einer ungemein starken magnetischen Kraft geworden. ❧ Nanak war ungebildet und sprach nur Pandschabi, eine sehr erdverbundene Sprache, doch er übte auf halb Asien eine starke Wirkung aus. Ohne sprachliche Verständigung gelang es ihm, Schüler zu finden. ❧ Ein kleiner, aber sehr bezeichnender Vorfall kommt mir in den Sinn: Vor etwa fünfhundert Jahren gab es in der Nähe von Lahore ein damals sehr berühmtes Lager von Sufi-Mystikern. Von nah und fern kamen Leute nach Lahore zu dieser mystischen Versammlung. ❧ Auch Nanak traf dort ein. Er nahm gerade am Rand des Lagers ein Bad, als der oberste Sufi erfuhr, Nanak sei da. Weder sprach er Nanaks Sprache noch Nanak die seine, doch es musste einen Weg geben, sich zu verständigen. ❧ Er schickte einen seiner Schüler mit einer schönen Tasse voller Milch zu Nanak. Sie war so voll, dass ein Tropfen mehr sie zum Überlaufen gebracht hätte. Mardana begriff nichts. «Was soll das?», sagte er. «Was erwartet man von uns? Ist das ein Geschenk, ein Willkommensgruß?» ❧ Nanak lachte. Er blickte sich um, fand eine wild wachsende Blume und ließ sie auf der Milch schwimmen. Die Blume war so leicht, dass sie die Milch nicht zum Überfließen brachte. Darauf machte er dem Mann ein Zeichen, die Tasse zurückzubringen. ❧ Dieser fand das höchst seltsam: «Ich habe schon nicht verstanden, warum man ihm diese Milch bringen ließ. Und jetzt ist alles noch rätselhafter geworden, denn dieser komische Kauz hat eine Blume darauf gelegt.» Er bat seinen Meister, den Sufi-Obersten: «Lasse mich nicht im Ungewissen. Bitte sage mir, was für ein Geheimnis dahintersteckt. Was geht hier vor?» ❧ Der oberste Mystiker sagte: «Ich habe diese Tasse voller Milch zu Nanak bringen lassen, um ihm damit zu sagen: ‹Gehe irgendwo anders hin. Dieser Platz ist schon voll, es besteht kein weiterer Bedarf. Er ist randvoll, genau wie die Tasse. Wir können dich leider nicht willkommen heißen, es gibt schon mehr als genug Leute hier. Suche dir einen anderen Platz!› Doch diesem Mann ist es gelungen, eine Blume in der Milch schwimmen zu lassen. Er sagt damit: ‹Ich werde in eurer Runde wie diese Blume sein. Ich werde keinen Raum einnehmen. Ich werde euch nicht stören. Ich werde eine schöne Blume sein, die über dieser Versammlung schwebt.›» ❧ Der Sufi-Mystiker kam, berührte Nanaks Füße und hieß ihn willkommen. Kein Wort wurde gewechselt. Nanak blieb sein Gast, sang jeden Tag seine Lieder, und die Sufis tanzten dazu und freuten sich. Am Tag, als er wegging, weinten sie alle, selbst der oberste Mystiker weinte. Alle verabschiedeten sich von ihm, ohne dass ein einziges Wort gewechselt wurde. Sie hatten keine gemeinsame Sprache, und doch hatte ein großartiger Austausch stattgefunden.[82]

Der Osten lebt vom Mythos. Ein Mythos umfasst ein sich wiederholendes Thema, etwas Wesentliches, etwas dauernd Gegenwärtiges. Im Westen sind Mythen bedeutungslos. Sobald man aufzeigen kann, dass etwas bloß ein Mythos ist, verliert es alle Bedeutung. Es muss historisch datiert werden können, muss irgendwann stattgefunden haben, und zwar genau dann und genau so.

Dieses lineare Konzept eines sich nicht wiederholenden Lebens erzeugt Angst. Wenn du in die Stille, ins Alleinsein eintauchst, machst du dir Sorgen. Als Erstes glaubst du damit Zeit zu vergeuden. Du tust nichts Gescheites, du sitzt nur herum. Warum verplemperst du dein Leben? Und diese Zeit lässt sich nie wieder aufholen. Im Westen predigt man ständig: «Zeit ist Geld.» Das ist grundfalsch, denn Reichtum gründet sich auf Mangel, und an Zeit mangelt es nicht. Unser ganzes ökonomisches System beruht auf dem Mangel: Wenn Güter knapp sind, werden sie wertvoll. Zeit ist nicht knapp, sie ist immer vorhanden. Du kannst sie nicht aufbrauchen, sie steht immer zur Verfügung. Zeit unterliegt also dieser Ökonomie nicht. Sie ist nicht knapp. Sie hat nichts mit Reichtum zu tun.

Doch fortwährend predigt man: «Zeit ist Geld. Vergeude sie nicht. Was du vergeudet hast, kehrt nie wieder zurück.» Wenn du also in dein Alleinsein gehst, kannst du dir keinesfalls erlauben, drei Jahre lang still dazusitzen, auch nicht drei Monate, ja nicht einmal drei Tage. Schon das ist zu viel. Du hast drei Tage vergeudet! Und womit, wenn man fragen darf? Hier liegt das zweite Problem, denn im Westen gilt Sein nur wenig, Tun dagegen alles. Man fragt daher dauernd: «Was hast du getan?», denn die Zeit muss dazu benutzt werden, um etwas zu tun. Im Westen heißt es: «Müßiggang ist aller Laster Anfang.» Das sitzt so tief in dir, dass es dir Angst macht, wenn du für dich allein dasitzt. Dann vergeudest du deine Zeit mit Nichtstun und fragst dich immer wieder: «Was mache ich da eigentlich? Nur so dasitzen und Zeit verplempern?» – als wäre es eine Verschwendung, einfach nur zu sein. Du musst etwas tun, um zu beweisen, dass du deine Zeit genutzt hast. Das ist der Unterschied.

Zu früheren Zeiten genügte es noch, einfach nur zu sein. Besonders im Osten war das so. Man brauchte sich und anderen nichts zu beweisen. Keiner fragte: «Was hast du gemacht?» Dein Sein war genug und wurde anerkannt. Es reichte vollauf, still, friedfertig und glückselig zu sein.

Deshalb haben wir im Osten von Sannyasins nie verlangt, dass sie arbeiten. Wozu auch? Wir fanden, dass Sannyasins, die ihre Arbeit aufgegeben hatten, das bessere Los gezogen hatten als die, die sich immer noch abmühten. Der Osten dachte da also ganz anders, hier herrschte ein anderes Klima. Das Sein wurde respektiert. Niemand fragte: «Was hast du gemacht?» Wichtig war nur die Frage: «Was bist du?» Mehr brauchte es nicht.
Wenn du still und voller Frieden und Liebe warst, wenn du Mitgefühl hattest, wenn du erblüht warst, so war das genug. Dann hielt die Gesellschaft es für ihre Pflicht, dir zu helfen und dir zu dienen. Niemand forderte dich auf, zu arbeiten oder etwas zu erschaffen, kreativ zu sein. Der Osten sah die höchste Form von Kreativität darin, sich selbst zu verwirklichen. Die Gegenwart eines solchen Menschen war kostbar. Manche konnten jahrelang in die Stille gehen.[83]

Indien ist das einzige Land, das kein in Opposition zu Gott stehendes Wesen geschaffen hat. Die Christen, die Muslims, die Juden und die Anhänger von Zarathustra haben alle einen Teufel erschaffen. Nur in Indien dachte man sich Gott ohne separaten Teufel möglich. Extra einen Teufel erschaffen zu müssen zeugt nicht gerade von einer Akzeptanz Gottes, denn damit wird ein Konflikt programmiert, der kein Ende nimmt.

Mulla Nasruddin lag im Sterben. Der Maulvi war gekommen, um ihm die letzte Beichte abzunehmen und ihn dazu zu bringen, seine Sünden zu bereuen. Der Priester sagte zu Mulla: «Das letzte Stündlein hat geschlagen. Bereue! Bitte Gott um Vergebung und schwöre dem Teufel ab.» Doch Mulla blieb stumm. Der Maulvi fragte: «Hast du nicht gehört, was ich gesagt habe? Was zögerst du noch, so kurz vor dem Tod?», denn Mulla hatte nur noch wenige Augenblicke zu leben.
Mulla sagte: «In diesen letzten Minuten möchte ich nicht noch jemand vergraulen. Ich weiß nicht, wo ich nach meinem Tod hingehen werde und mit wem ich dort auskommen muss. Darum sage ich lieber nichts. In diesem kritischen Moment solltest du mich besser nicht zu etwas drängen. Es ist nicht sicher, ob ich zu Gott oder zum Teufel komme. Es ist besser, beide zu akzeptieren und keinen von ihnen zu verärgern. Zu Lebzeiten war das noch etwas anderes, doch in diesen letzten Minuten ist es wohl gescheiter, ohne ein Wort zu sterben.»

Wenn Gott und Satan nebeneinander existieren, ist diese Existenz dual, und es ist unmöglich, sich über diese Dualität zu erheben. Der Weise sagt daher nicht, die Existenz sei zweigeteilt – die Welt, so wie wir sie sehen, erscheint zwar so, die Existenz selbst jedoch ist eins. Aber wie lässt sich dieses Einssein der Existenz ausdrücken? Wenn wir es entweder positiv oder negativ definieren, kommen alle die Probleme, die mit der Dualität einhergehen, durch die Hintertür wieder herein.

Es gibt nur zwei Möglichkeiten, das Nicht-Duale auszudrücken: entweder durch «sowohl als auch», sowohl Purna als auch Shunya, das Göttliche und die Leere; oder durch «weder noch», was wiederum bedeuten würde, dass es entweder nur Leere, Shunya, gibt oder dass das Göttliche, Purna, allumfassend ist, dass alles göttlich ist...

Im Westen und vor allem bei christlichen Denkern hat diese Vorstellung viel Verlegenheit hervorgerufen. Wenn alles Gott ist, was ist dann mit dem Bösen, mit Krankheit, Elend und Tod? Wo soll man sie einordnen? Sind sie auch ein Teil Gottes? Doch wer Gott als allumfassend annimmt, muss das Böse ebenfalls in Gott einschließen. Auch der Dieb ist Gott – ein Dieb-Gott natürlich, aber eben doch Gott. Die Christenheit tat sich schwer damit, dies zu akzeptieren. Welche Seite soll der Mensch dann wählen, wenn ein Dieb ebenfalls Gott ist, wenn der Teufel ebenfalls Gott ist? Wofür sich entscheiden? Was ist dann noch böse? In der Welt von Purna ist nichts mehr böse. Wenn alles Gott ist, kann nichts böse sein. Es gibt Hungersnöte, es gibt Überschwemmungen, es gibt Kriege, und jedesmal sterben dabei Menschen, doch nur die Hindus hatten den Mut zu sagen, auch dies sei Gott. Das übersteigt euer Verständnis bei weitem. Euer Verstand sagt sofort: «So etwas ist strikt abzulehnen! Das Gute muss dem Göttlichen zugeschrieben werden, und das Böse bleibt draußen.» Der Weise jedoch wird fragen: «Und wo bringst du das Böse unter? Dann musst du eben extra einen Teufel schaffen.»

Wenn das Böse tatsächlich ebenfalls ein Teil des Göttlichen ist, kann es letztlich gar nicht das Böse sein. Es liegt nur an eurer fehlerhaften Perspektive, denn ihr seid unfähig, das ganze Bild zu sehen.[84]

Meditation packt die Probleme bei der Wurzel und durchtrennt sie. Ich wiederhole es noch einmal: Der Verstand ist das einzige Problem, und solange ihr nicht über den Verstand hinausgeht, werdet ihr eure Probleme nie hinter euch lassen.
Merkwürdigerweise hat sich die westliche Psychologie bis heute nicht mit der Tatsache befasst, dass der Osten so viele Erleuchtete hervorgebracht hat und keiner von ihnen es nötig fand, das Denken zu analysieren.

Die religiöse, philosophische und theologische Literatur des Westens kann sich nicht vorstellen, das Denken zu transzendieren, und genauso wenig erwähnt die philosophische Literatur des Ostens an irgendeiner Stelle, dass Psychoanalyse oder Psychologie von Bedeutung seien.
Der Westen hat mit dem Verstand gelebt, der Osten hat ihn transzendiert. Ihre Probleme scheinen daher verschieden zu sein. Der Osten hat seine Suche einzig danach ausgerichtet, wie man über den Verstand hinausgeht. Sein Genius hat sich nur diesem einzigen Problem verschrieben und alles andere ausgeklammert.[85]

Hier im Osten kannst du dich von Meditation umspülen lassen. Die ganze Energie rund um dich ist wie ein Fluss – er fließt bereits Richtung Ozean. Du brauchst nicht zu schwimmen, du brauchst dich nur treiben zu lassen. Im Westen musst du gegen die Strömung ankämpfen, denn seit Jahrhunderten hat der nach außen gerichtete Verstand eine völlig andersartige Energie erzeugt. Sie unterscheidet sich nicht nur von der östlichen, sie ist geradezu gegenläufig – nach außen gerichtet, extrovertiert.[86]

Ein Blitz in finsterer Nacht

Was wir in Indien

als Erkenntnis,

als Intuition

bezeichnen,

enthüllt dir wie ein

Blitzstrahl alles

auf einen Schlag.

Du siehst so die

Wahrheit in ihrer

Totalität.

Gulal war ein Schüler von Bulleshah, was noch nicht viel heißt, denn Bulleshah hatte viele Schüler. Es gab Hunderte von Meistern mit Tausenden von Schülern, das ist also noch nichts Besonderes. Was hier jedoch neu war... ❧ Gulal war ein kleiner Gutsbesitzer und hatte einen Hirten, Bulaki Ram. Dieser Bulaki Ram war ein sehr ekstatischer Mann. Er hatte eine eigene Art zu gehen, sein Blick war wie berauscht, sein ganzes Verhalten zeugte von einer Art Ekstase. Er war trunken vor Freude, obwohl er nichts besaß, was dafür Anlass hätte geben können. ❧ Er war Hirte und verdiente sich damit nur zwei Mahlzeiten am Tag, doch das war ihm genug. Frühmorgens ging er auf die Felder arbeiten, und am Abend kehrte er müde zurück. Selbst dann hätte niemand sagen können, Bulaki Ram sei weniger ekstatisch. Immer war er von einer gewissen Aura von Seligkeit umgeben. ❧ Gulal, der Gutsbesitzer, bekam mit der Zeit einiges zu hören. «Dieser Hirte hat anscheinend nichts zu tun. Wir haben ihn auf den Feldern tanzen sehen... Ja, sicher, er spielt wunderschön Flöte, aber was hat eine Flöte mit dem Hüten der Kühe zu tun? Du schickst ihn zur Arbeit auf die Felder, aber wir haben ihn nie arbeiten sehen. Ganz im Gegenteil. Wir haben gesehen, wie er mit geschlossenen Augen unter einem Baum saß. Es stimmt, dass man von einer Welle der Freude erfasst wird, wenn man an ihm vorbeigeht. Aber was hat das mit Feldarbeit zu tun?» ❧ Die Klagen häuften sich. Gulal war der Gutsbesitzer, und ein Gutsbesitzer ist schließlich nicht irgendwer. Er hatte Bulaki Ram bisher nie wahrgenommen und den Berichten keine Beachtung geschenkt. Eines Tages traf früh am Morgen die Nachricht ein: «Du hast ihn doch geschickt, Samen auszusäen. Aber die Zeit vergeht, die Ochsen mit dem Pflug stehen noch immer am Rand des Feldes, und Bulaki Ram wiegt sich mit geschlossenen Augen unter einem Baum.» ❧ Gulal wurde zornig. «Dieser Faulpelz! Dieser Müßiggänger!» dachte er. «Die Leute haben Recht.» ❧ Er trat unbemerkt hinter ihn und verpasste ihm einen derben Fußtritt. Bulaki Ram fiel zu Boden. Als er die Augen öffnete, standen Tränen der Liebe und Seligkeit darin. Er sagte zu Gulal: «Mein Meister, wie kann ich dir nur danken? Ich bin dir ewig dankbar. Denn als du mich getreten hast, war nur noch ein kleines Hindernis in meiner Meditation übrig geblieben, das ich nicht überwinden konnte. Dein Tritt hat dieses kleine Hindernis beseitigt. Meister, du hast ein Wunder vollbracht! ❧ Immer wenn ich tief in Meditation gehe, gibt es Probleme… Ich bin ein armer Mann und möchte so gerne Heilige und Weise zu einem Fest einladen, aber ich habe ihnen nichts anzubieten. Aber wenn ich mich in Meditation versenke, gebe ich in Gedanken ein Fest. Ich lade alle Heiligen und Weisen ein. Kommt alle her, kommt her von nah und fern! Ach Meister, so viele Heilige waren gekommen! Und was für Speisen hatte ich zubereitet! Ich wartete ihnen auf und freute mich – so viele Heilige, und so voller Gnade! Und plötzlich hast du mich getreten. Gerade sollte der Quark serviert werden, aber du hast mich getreten. Der Topf fiel mir aus der Hand und zerbrach und der Quark spritzte in alle Richtungen. ❧ Meister, du hast ein Wunder vollbracht! Der Topf zerbrach, das Fest in meiner Vorstellung verschwand, Heilige und Weise verschwanden. Es waren alles nur Hirngespinste, ein Netz von Hirngespinsten. Plötzlich wachte ich auf. Nur der Zeuge blieb.» ❧ Tränen der Liebe flossen ihm aus den Augen, sein Körper vibrierte vor Ekstase. Zum ersten Mal sah Gulal Bulaki Rams Zustand mit eigenen Augen. Bulaki Ram wurde nicht nur erweckt, er riss in seinem Sturm auch Gulal mit. Vor Gulals Augen lüfteten sich die Schleier. Zum ersten Mal sah er, dass Bulaki Ram kein gewöhnlicher Hirte war. «Ich habe an jede Tür geklopft und nach einem Meister gesucht, und der Meister war schon da in meinem eigenen Haus. Er weidete meine Kühe und bestellte meine Felder.» Er fiel Bulaki Ram zu Füßen. Bulaki Ram gab es nicht mehr. Er wurde zu Bulleshah.[87]

Sobald der Verstand ausgelöscht ist – und die Methode dafür ist Meditation –, bleiben ein wunderschöner Körper und ein stilles Gehirn ohne jeden Lärm zurück. Sobald das Gehirn vom Verstand befreit ist, erkennt es in seiner Unberührtheit einen neuen Raum, den wir die Seele genannt haben.

Wenn du deine Seele gefunden hast, hast du dein Zuhause gefunden. Du hast deine Liebe gefunden, du hast deine unerschöpfliche Ekstase gefunden. Die ganze Existenz ist bereit für deinen Tanz, für deine Freude, für dein Lied, für ein intensives Leben und einen gesegneten Tod. Das alles geschieht ganz von allein.[88]

Indiens Weg ist keine Suche mit Hilfe einer Lampe. Indiens Weg ist wie ein Blitzstrahl in finsterer Nacht. Im Licht des Blitzes wird alles gleichzeitig sichtbar. Du siehst nicht zuerst nur ein bisschen und dann immer ein wenig mehr – nein, alles enthüllt sich dir auf einen Schlag. Der Blitzstrahl zeigt dir alles, was ist, gleichzeitig – alle Wege, die in die Weite führen, soweit dein Auge reicht. Du brauchst nichts mehr zu verändern, denn du hast die Wahrheit bereits gesehen.

In Griechenland wurde die Suche nach Wahrheit mittels Denken Logik genannt. Was wir in Indien als Erkenntnis, als Intuition bezeichnen, enthüllt dir wie ein Blitzstrahl alles gleichzeitig. Du siehst so die Wahrheit in ihrer Totalität.[89]

Lal ist ein Verrückter unter Verrückten. Die Reise seines Lebens, der heilige Fluss seiner Mystik begann auf einzigartige Weise. Weitere Informationen über ihn – wo er geboren wurde, in welchem Dorf, in welchem Haus, wer seine Eltern waren – sind nicht vorhanden und auch nicht nötig. All das ist bedeutungslos und nebensächlich. Wie seine Mystik geboren wurde, wie seine Erleuchtung geboren wurde, wie im Leben dieses armen jungen Mannes aus Rajasthan die Kerze entflammte, wie der Neumond sich eines Tages in einen Vollmond verwandelte – nur das ist wichtig, denn das ist seine wahre Identität. Wer hätte gedacht, dass Gott auf diese Weise in Lals Leben treten würde? ❧ Er kehrte mit seinen Freunden mit Musik in Feststimmung von seiner Hochzeit nach Hause zurück. Der Umzug führte durch das Dorf Likhmadesar, wo ein einzigartiger Heiliger namens Kumbhnath lebte. Er war erleuchtet und ekstatisch und kümmerte sich weder um Religionen noch um Traditionen. Er war religiös, aber an keine Religion gebunden. Was Gott ihm geschenkt hatte, teilte er mit vollen Händen aus. Und wer austeilt, dem gibt Gott immer mehr. Dieser Reichtum nimmt kein Ende. ❧ Lal kehrte also von seiner Hochzeit zurück und brachte seine Frau mit nach Hause, und weil dieses Dorf am Weg lag, beschloss er Kumbhnath aufzusuchen. Sie konnten doch nicht einfach einen Heiligen auslassen, dessen Duft sich nah und fern verbreitet hatte – nicht der zarte Duft von Blüten, sondern der Duft von feurigen Flammen! Kumbhnath verströmte diesen Duft in alle vier Winde.

Wer ihn erkennen konnte, nahm ihn in sich auf; wer an seinen alten Traditionen festklebte, empfand ihn als störend. ❧ Lal dachte: «Da müssen wir hin! Es hilft, den Segen eines so heiligen Mannes zu empfangen.» Lal war frisch verheiratet, er fing ein neues Leben an – wer würde da den Segen eines Heiligen ausschlagen? Aber er hatte keine Ahnung, was da für ein Segen auf ihn wartete. ❧ Als er im Dorf ankam, bot sich ihm ein ungewohnter Anblick. Kumbhnath traf die letzten Vorbereitungen, sich lebendig begraben zu lassen. Die Grube war schon ausgehoben, er brauchte sich nur noch hineinzulegen. Es war die letzte Gelegenheit für ihn, Lebewohl zu sagen. Er verteilte zum Segen Süßigkeiten, Prasad. Auch Lal erhielt Prasad. Und bevor Kumbhnath sein Samadhi, sein Grab betrat, sah er sich um und rief: «Möchte jemand noch etwas?» ❧ Er hatte Prasad verteilt und alle hatten etwas davon erhalten. Jetzt meinte er ein anderes, unsichtbares Prasad, das nicht ausgeteilt und weitergereicht werden konnte. Es geht nicht von Hand zu Hand und springt doch von einem Herzen zum andern über, von Seele zu Seele. ❧ Die Leute blickten sich um. Alle hatten Prasad erhalten, keiner war vergessen worden. Von welchem Prasad war jetzt die Rede? ❧ Doch Lal ging zu ihm hin, setzte sich vor ihm nieder und streckte die Hände aus wie ein Bettler. Seine Augen waren voller Tränen. Etwas geschah zwischen ihnen. Dasselbe war zwischen Buddha und Mahakashyapa geschehen, als Buddha mit einer Blume gekommen war. Buddha hatte Mahakashyapa zumindest eine Blume gereicht, doch zwischen Kumbhnath und Lal wurde nicht einmal eine Blume ausgetauscht. ❧ Lal war verwandelt. Seine Hingabe hatte ihn transformiert. Zum ersten Mal sah er seinen inneren Lal, den inneren Rubin, zum ersten Mal fühlte er seinen inneren Schatz. Ihm war, als würde in der Gegenwart und im Licht dieses Mannes der Wahrheit alle Dunkelheit verschwinden. Er erkannte sich selbst, er verwirklichte sich selbst. Er verneigte sich zu Füßen des Meisters. ❧ Noch im letzten Augenblick hatte Kumbhnath eine Lampe entzündet. Bevor er sich ins Grab legte, hatte er gefragt: «Möchte jemand noch etwas?» Er hatte jemanden gefunden. Hunderte von Leuten waren dort, doch nur einer hörte den Ruf, nur einer war bereit, sich hinzugeben, sich aufzulösen. Und wer sich hingibt, erfüllt sich, wer sich auflöst, wird neu geboren.[90]

Alle spirituellen Meister dieser Welt haben Geschichten und Parabeln erzählt. Warum wohl? Die Wahrheit ist doch ganz einfach, man braucht sie doch nicht in so viele Geschichten einzukleiden. Aber die Nacht ist lang, und man muss euch wach halten. Ohne Geschichten schlaft ihr ein. ❧ Bis der Morgen anbricht, muss man euch um jeden Preis beschäftigt halten. Die Geschichten, die die Meister erzählt haben, sind etwas vom Faszinierendsten und eignen sich hervorragend dazu. ❧ Die Wahrheit lässt sich nicht mit Worten vermitteln, doch man kann euch an den Punkt bringen, wo ihr sie sehen könnt. Die Frage ist nur, wie man euch am besten dorthin bringt. ❧ Es gibt eine Geschichte aus dem Leben von Sarmad. Als er seine Schüler, seine Jünger unterrichtete, sagte er plötzlich: «Kommt mit. Da draußen ist was los!» Alle liefen ins Freie. ❧ Ein Mann zerrte einen Ochsen über die Straße. Der Ochse war sehr stark. Auch der Mann war kräftig, aber ein Ochse ist ein Ochse. Obwohl der Mann an ihm zerrte, wurde er selbst gezogen. ❧ Sarmad sagte zu seinen Schülern: «Schaut gut hin. Genau so ist es.» ❧ Sie fragten: «Was meinst du damit?» ❧ Er sagte: «Genau so ist es zwischen mir und euch. Aber ich bin nicht so dumm wie der da.» ❧ Und zu dem Mann sagte er: «Hör mal zu. Führst du den Ochsen zum ersten Mal?» ❧ Der Mann sagte: «Ich bin der neue Knecht. Ich komme aus der Stadt. Was soll ich machen? Kaum ziehe ich ihn einen Schritt hierhin, zieht er mich vier Schritte dorthin. So geht das jetzt schon stundenlang. Ich weiss nicht mehr weiter.» ❧ Sarmad sagte:

«Vergiss es! Du hast keine Ahnung vom Dorfleben und schon gar nicht von der Sprache der Ochsen.» Er nahm ein wenig grünes, saftiges Gras und ging vor dem Ochsen her, ohne ihn auch nur zu berühren. Der Ochse folgte ihm. Und wenn er schneller ging, ging auch der Ochse schneller. ❧ Der Mann rief: «Phantastisch! Er muss ihn nicht einmal ziehen! Der Ochse folgt ihm ganz von allein.» ❧ Und Sarmad sagte zu ihm: «Nimm dieses Büschel Gras. Lass ihn nicht fressen, sonst kommst du in Schwierigkeiten. Wenn er zu ungestüm wird, dann lauf los. Er wird dir nachrennen, bis ihr zu Hause seid.» ❧ Und zu seinen Schülern sagte er: «Genau dasselbe habe ich mit euch gemacht. Alle die Parabeln, alle die Geschichten waren nichts als ein Büschel grünes Gras.»[91]

Ashtavakra steht für die Wahrheit. Er spricht die Wahrheit, so wie sie ist, ohne jeden Schnörkel. Er kümmert sich nicht um sein Publikum. Es ist ihm völlig gleich, ob seine Zuhörer ihn verstehen oder nicht. Nie zuvor und auch nie mehr danach wurde die Wahrheit so rein ausgedrückt. ❧ Über Ashtavakra weiß man wenig. Er war weder gesellschaftlich noch politisch aktiv, daher gibt es keine historischen Angaben über ihn. Man weiß nur von ein paar Vorfällen, die sehr merkwürdig sind und ziemlich unwahrscheinlich klingen. Doch wenn ihr sie zu verstehen versucht, eröffnet sich euch ihr tieferer Sinn. ❧ Das erste Vorkommnis stammt noch aus der Zeit im Mutterschoß, bevor Ashtavakra überhaupt geboren wurde. Sein Vater war ein großer Gelehrter, der täglich die Veden rezitierte, und Ashtavakra im Bauch seiner Mutter hörte ihm zu. ❧ Eines Tages sprach plötzlich eine Stimme aus dem Schoß: «Hör auf damit! Alles Unsinn! Keine Spur von Weisheit! Bloß Worte, ein Haufen Worte. Wo gibt es schon Wissen in den Schriften? Wissen ist in dir selbst. Wo gibt es schon Wahrheit in Worten? Wahrheit ist in dir selbst.» Natürlich wurde sein Vater wütend, denn erstens war er ein Vater und zweitens auch noch ein Gelehrter. Da redete sein Sohn solches Zeug und war noch nicht einmal geboren! Er platzte vor Wut. Das Vater-Ego und noch viel mehr das Gelehrten-Ego waren schwer verletzt. Er war ein großer Pandit, ein großer Debattierer und in den Schriften sehr bewandert. Im Zorn sprach er einen Fluch aus: Bei der Geburt sollten seinem Söhnchen die acht Glieder seiner Arme und

Beine gebrochen werden. Daher der Name Ashtavakra, der «acht Biegungen» bedeutet. Das Kind war an acht Stellen verkrüppelt, verbogen und bucklig wie ein Kamel. Aus Wut hatte sein Vater Ashtavakras Körper verstümmelt. Als Ashtavakra zwölf Jahre alt war, fungierte König Janak als Schirmherr einer großen Diskussionsveranstaltung, zu der er alle Pandits des Landes einlud. Er hatte tausend Kühe am Palasttor aufstellen lassen, deren Hörner vergoldet und mit Diamanten und Juwelen behängt waren, und ließ verkünden, dies sei der Siegespreis. Es war eine groß angelegte Debatte, an der auch Ashtavakras Vater teilnahm. Als es dämmerte, erhielt Ashtavakra die Nachricht, sein Vater sei dabei zu verlieren. Nachdem er schon alle anderen Gegner besiegt habe, ziehe er jetzt gegen einen Pandit namens Vandin den Kürzern. Als Ashtavakra das hörte, ging er zum Palast. Die Halle war festlich geschmückt. Die Debatte war auf ihrem Höhepunkt angelangt und stand kurz vor der Entscheidung, doch die Niederlage seines Vaters war bereits besiegelt und nur noch eine Frage der Zeit. Ashtavakra betrat den Hof. Die Pandits sahen ihn kommen. Bei jeder Bewegung seines verdrehten und verbogenen Körpers mussten all die großen Gelehrten laut lachen. Die ganze Versammlung brach in ein unbeherrschtes Gelächter aus, und auch Ashtavakra hielt sich die Seiten vor Lachen. Janak fragte: «Alle lachen. Ich kann sie verstehen. Aber warum hast du selbst gelacht, Kind?» Ashtavakra erwiderte: «Ich lache, weil in dieser Versammlung von Chamars, von Stümpern, die Wahrheit verhandelt wird. Was tun alle diese Stümper hier?» Der Hieb saß. Es war totenstill. Chamars? Der König fragte: «Was meinst du damit?» «Ganz einfach» sagte Ashtavakra. «Sie sehen nur meine Haut, mich selbst sehen sie nicht. Man findet nicht leicht einen reineren und einfacheren Menschen als mich, doch nicht einmal das sehen sie. Sie sehen einen verbogenen und verdrehten Körper. Sie sind Chamars, sie urteilen nach dem Äußeren. Oh König! Ist der Himmel in der Biegung des Tempels je gebogen? Ist die Luft je zerschmettert, wenn der Topf zerschmettert ist? Der Himmel ist unveränderlich. Mein Körper ist verdreht und verbogen, ich bin es nicht. Schaue den an, der in ihm lebt. Du findest niemanden, der aufrichtiger und reiner ist.» ❧ Nach Ashtavakras Worten muss es mucksmäuschenstill gewesen sein. Janak war wie vom Blitz getroffen. «Der Junge hat Recht», dachte er. «Warum sind eigentlich so viele Chamars hier versammelt?» Er fühlte sich mitschuldig und begann Reue zu verspüren: «Auch ich habe gelacht.» ❧ An jenem Tag brachte der König kein Wort über die Lippen, doch als er am nächsten Morgen ausritt und Ashtavakra auf der Straße erschien, stieg Janak vom Pferd und fiel ihm zu Füßen. Am Tag zuvor hatte er vor aller Augen nicht den Mut dazu gefunden. Am Tag zuvor hatte er nur gefragt: «Warum lachst du, Kind?» Weil Ashtavakra noch ein Kind war, ein Junge von zwölf Jahren, war Janaks Urteilsvermögen getrübt gewesen. Jetzt spielte das Alter keine Rolle mehr. Er stieg vom Pferd, er warf sich zu Boden, er fiel Ashtavakra demütig zu Füßen. ❧ Er bat ihn: «Bitte besuche mich im Palast und beantworte mir meine Fragen. Oh Herr, komm mit in mein Haus. Ich habe verstanden! Ich konnte die ganze Nacht nicht schlafen. Du hast Recht: Wer nur auf den Körper schaut, sieht nicht sehr tief. Sie diskutieren über die Seele und sind noch immer voller Vorliebe und Abneigung, voller Bewunderung und Abscheu gegen den Körper. Während sie über das Unsterbliche debattieren, haftet ihr Blick am Sterblichen. Welch ein Glück, dass du gekommen bist und mich wachgerüttelt hast. Mein Schlaf ist vorüber. Komm mit!» ❧ Im Palast verlieh ihm Janak die höchsten Auszeichnungen. Er ließ den Zwölfjährigen auf einen goldenen Thron setzen und stellte ihm Fragen über Fragen. ❧ Wir wissen nicht viel mehr über Ashtavakra, und das ist auch gar nicht nötig. Es ist mehr als genug. Diamanten zählt man nicht zu Hunderten. Kiesel und Felsbrocken liegen massenhaft herum, doch ein einziger Diamant reicht schon.[92]

پیر حاجی علی شاہ بخاری

Atisha ist ein höchst außergewöhnlicher Meister, denn er wurde von drei erleuchteten Meistern unterwiesen, was nie zuvor und nie danach je wieder vorkam. Ein Schüler dreier erleuchteter Meister zu sein ist kaum glaublich. Ein Meister reicht völlig. Die Geschichte ist wahr, sie ist historisch belegt, sie hat aber auch eine metaphorische Bedeutung.

Der erste der drei Meister, bei denen Atisha viele Jahre lang lebte, war Dharmakirti, ein großer buddhistischer Mystiker. Dharmakirti lehrte ihn Nicht-Denken, lehrte ihn die Leere, lehrte ihn ohne Gedanken zu sein, inhaltslos zu werden, allen Inhalt des Verstandes loszulassen. Der zweite Meister war Dharmarakshita, ein weiterer buddhistischer Mystiker. Er lehrte Atisha Liebe und Mitgefühl. Und der dritte Meister war Yogin Maitreya, auch er ein buddhistischer Mystiker. Er lehrte ihn diese Liebe anzuwenden, er lehrte ihn die Kunst, das Leiden anderer auf sich zu nehmen und es im eigenen Herzen zu absorbieren.

Weil Atisha bei drei Erleuchteten in die Lehre ging, wird er «Atisha der dreifach Große» genannt. Über sein Alltagsleben, seinen Geburtsort und sein Geburtsdatum wissen wir nichts Genaues. Er lebte irgendwann im elften Jahrhundert und wurde in Indien geboren, doch sobald sich die Liebe in ihm öffnete, begab er sich Richtung Tibet, das ihn wie ein großer Magnet anzog. Im Himalaja erreichte er die Erleuchtung; danach kam er nie mehr nach Indien zurück.

Atisha ging nach Tibet, verströmte seine Liebe über Tibet. Er transformierte die Qualität des tibetischen Bewusstseins. Er wirkte Wunder – was er berührte, wurde zu Gold. Er war einer der größten Alchemisten, den die Welt je kannte.[93]

Die «*Sieben Punkte der Geistesschulung*» sind die fundamentale Lehre, die Atisha Tibet schenkte – ein Geschenk Indiens für Tibet. Indien hat die Welt reich beschenkt. Atisha ist eines dieser Geschenke. So wie Indien China Bodhidharma schenkte, schenkte es Tibet Atisha. Tibet kann diesem Mann unendlich dankbar sein.[94]

Heute ist der Morgen so schön, dass ich einen Augenblick lang an die unbeschreibliche Schönheit des Sonnenaufgangs im Himalaja erinnert wurde. Wenn dort rings um dich nur Schnee ist und die Bäume aussehen wie Bräute, als wären sie zu weißen Blüten aus Schnee erblüht, sind dir die so genannten Großen dieser Welt, die Ministerpräsidenten und Regierungschefs, die Könige und Königinnen, auf einmal völlig einerlei. Könige und Königinnen wird es sowieso bald nur noch in Kartenspielen geben, da gehören sie auch hin. Und die Regierungschefs und Ministerpräsidenten werden die Stelle der Joker einnehmen, mehr verdienen sie nicht.

Diese Gebirgsbäume mit ihren weißen Blüten aus Schnee... Immer wenn ich den Schnee von ihren Blättern fallen sah, musste ich an einen Baum aus meiner Kindheit denken. So einen Baum kann es nur hier in Indien geben. Er heißt *Madhu Malti* – madhu bedeutet «süß», malti «Königin». Nie mehr ist mir ein so süßer und eindringlicher Duft begegnet – und ihr wisst, dass ich allergisch auf Parfüm bin und sehr empfindlich auf Duftstoffe reagiere, also weiß ich das sofort.

Der *Madhu Malti* ist der schönste Baum, den man sich vorstellen kann. Gott muss ihn am siebten Tag erschaffen haben, von all der Hast und Last der Welt befreit. Mit allem fertig, sogar mit Mann und Frau, muss Gott den *Madhu Malti* an seinem freien Tag erschaffen haben, einem Sonntag, einem Feiertag. Aus purer Gewohnheit, etwas erschaffen zu müssen. Alte Gewohnheiten wird man nicht so leicht los.

Der *Madhu Malti* blüht mit Tausenden von Blüten auf einen Schlag. Nicht eine Blüte hier und eine dort – nein, das ist nicht seine Art und auch nicht meine. Der *Madhu Malti* blüht in Fülle, in Luxus, im Überfluss, mit Tausenden von Blüten, dass man die Blätter nicht mehr sieht. Der ganze Baum ist von weißen Blüten überzogen.

Schneebedeckte Bäume haben mich stets an den *Madhu Malti* erinnert. Natürlich verströmen sie keinen Duft, und es war gut für mich, dass Schnee keinen Duft hat. Schade, dass ich die Blüten des *Madhu Malti* nie wieder in Händen halten kann. Ihr Parfüm ist so stark, dass es sich meilenweit verbreitet – wohlgemerkt, ich übertreibe nicht! Ein einziger *Madhu Malti* erfüllt die ganze Umgebung mit seinem unbeschreiblichen Duft.[95]

Ihr werdet überrascht sein, wenn ihr hört, dass das höchste Gebirge der Welt, der Himalaja, zugleich auch ihr jüngstes ist. Im ältesten Buch der Hindus, in der *Rig Veda*, wird der Himalaja mit keinem Wort erwähnt. Das ist umso verwunderlicher, weil die *Rig Veda* ganz in der Nähe des Himalajas geschrieben wurde. Dort werden Flüsse erwähnt – sogar einer, der mittlerweile verschwunden ist, der Saraswati –, aber über den Himalaja steht nichts geschrieben. Der Himalaja ist noch ganz neu und sehr jung, sehr frisch, noch im Wachstum begriffen. Jedes Jahr wächst er einen Fuß höher.

Der älteste Berg der Welt ist der Vindhyachal. Das Städtchen, in dem ich geboren wurde, liegt ganz in seiner Nähe. Der Vindhyachal ist so alt, dass er sich wie ein alter Mann nicht mehr aufrecht halten kann. Er ist gebückt wie ein Greis.

Daraus ist eine schöne Geschichte entstanden. Ein großer erleuchteter Meister, Agastya, ging nach Süden. Und der Vindhya beugte sich nieder, um die Füße von Agastya zu berühren. Der Meister sagte: «Vindhya, bleibe in dieser Position, so kann ich dich leichter überqueren. Ich bin alt, und wenn du aufrecht stehst, wird mir der Weg sehr schwer fallen. Ich bin bald zurück. Meine Schüler haben mich immer wieder zu sich eingeladen, und da der Tod schon sehr nahe ist, sollte ich ihren Wunsch erfüllen. Ich gehe sie jetzt besuchen und werde bald wieder zurückkehren. Richte dich also nicht gleich wieder auf.»

Agastya starb im Süden, er kehrte nie zurück, und der Vindhya steht noch immer gebückt und wartet, bis der Meister zurückkehrt. Tausende von Jahren müssen verstrichen sein, seit Agastya nach Süden ging...[96]

Ich liebe den Himalaja. Ich wollte dort sterben. Es ist der schönste Ort zum Sterben – natürlich auch zum Leben, doch was das Sterben angeht, ist das der Ort überhaupt. Dort starb Laotse. In den Tälern des Himalaja starb Buddha, starb Jesus, starb Moses. Kein anderes Gebirge kann Anspruch erheben auf einen Moses, einen Jesus, Laotse, Buddha, Bodhidharma, Milarepa, Marpa, Tilopa, Naropa und tausend andere.

Die Schweiz ist schön, aber nichts verglichen mit dem Himalaja. Es lebt sich bequem in der Schweiz mit all ihren modernen Einrichtungen. Im Himalaja dagegen ist es sehr unbequem. Auch heute noch gibt es dort keine Technologie – keine Straßen, keine Elektrizität, keine Flugzeuge, keine Eisenbahnen, gar nichts. Alles ist noch unberührt. Man wird in eine andere Zeit versetzt, in ein anderes Sein, in einen anderen Raum.[97]

Der Himalaja hat seit Jahrhunderten die Mystiker in seinen Bann geschlagen. In seinen Höhen, im ewigen, nie geschmolzenen Schnee, in der ungebrochenen Stille, auf unbegangenen Pfaden herrscht eine mystische Atmosphäre. Es gibt gewisse Ähnlichkeiten zwischen den Höhen des Himalajas und dem inneren Bewusstsein.[98]

Für mich ist Indien ein Symbol für das Erlernen von Meditation, für nichts anderes. Indien ist eine Universität der Meditation – schon seit Jahrhunderten, nicht erst seit jüngster Zeit.[99]

Es braucht Tausende von Jahren, bis der Samen der Religion tief genug reicht und keimt. Das in Indien durchgeführte Experiment war so angelegt, dass es nicht nur spross, sondern auch Blüten trug. Und ihr, die Bewohner von Indien, seid daran, diesen unbeschreiblichen Schatz an Blumen zu verlieren. Ihr *werdet* ihn auch verlieren, denn ihr messt ihm keinen Wert bei. Ihr habt ihm den Rücken gekehrt, ihr seht keinen Sinn mehr darin.

Der Westen wird von Grund auf neu beginnen müssen. Wenn der Westen seine religiöse Reise antritt, wird er vom gleichen Punkt ausgehen müssen, an dem wir vor fünftausend Jahren, zur Zeit der Veden, angefangen haben. Und bis der Westen an den Punkt gelangt, den wir erreicht haben, wird es weitere fünftausend Jahre brauchen. Doch in der Zwischenzeit steht das Überleben der Menschheit auf dem Spiel.

Das ist der Grund, warum Indien so viel Verantwortung in seinen Händen trägt. All das, was wir entdeckt haben, all die Schlüssel, die Gesetze, die Methoden zum Eintreten ins menschliche Bewusstsein, die wir entwickelt haben, stehen in Gefahr, verloren zu gehen. Doch wenn ihr sie schon aufgeben wollt, so gebt sie doch wenigstens vorher jemand anderem weiter. Das ist das Mindeste, was ihr tun müsst. Doch vergesst dabei nicht, dass ihr nur das weitergeben könnt, was ihr in eurem Inneren verwirklicht habt.

Wir können dem Westen die Gita näher bringen, aber sie wird bald Makulatur werden, denn das Lied selbst ist nicht in der Gita zu finden. In der Gita stehen nur Worte, die zudem bereits in die meisten westlichen Sprachen übersetzt worden sind. Das ist also keine Lösung. Wie können wir das weitergeben, was in Krischna geschah? Die Gita ist nur ein Schatten, nur ein Echo davon. Wie können wir das weitergeben, was im Innersten Krischnas stattfand? Das lässt sich nur übertragen, wenn Krischna in uns selbst lebendig wird.

Und genau das ist meine Absicht – dass ein Meditierer in euch geboren wird. Wenn Indien auch nur ein paar Dutzend Meditierende hervorbringen kann, die dasselbe Licht ausstrahlen wie jenes von Buddhas Weisheit, dann besteht keine Gefahr. Die Frage ist nicht, wo Religion *überleben* soll, ob in Indien oder im Westen, das steht nicht zur Debatte. Die Frage ist, ob sie überhaupt überleben wird. Auf welche Erde der Tempel gebaut wird, ist unwesentlich, es ist überall dieselbe Erde. Doch ihr baut ihn nicht, ihr zerstört ihn.[100]

Da gibt es noch ein anderes Indien – das Indien der Buddhas, das ewige Indien. Ich bin ein Teil davon, ihr seid ein Teil davon. Überall, wo Menschen meditieren, werden sie ein Teil des ewigen Indiens. Dieses unsterbliche Indien ist nicht geographisch, es ist ein spiritueller Raum.[101]

ÜBER DEN AUTOR

Oshos Lehren entziehen sich jeder Kategorisierung. Sie reichen von der individuellen Suche nach Sinn bis hin zu den dringendsten sozialen und politischen Fragen, denen sich unsere heutige Gesellschaft gegenüber sieht. Osho hat nie ein Buch geschrieben. Seine vielen Bücher sind Transkripte von Audio- und Videoaufnahmen spontan gehaltener Vorträge, die er über einen Zeitraum von 35 Jahren gehalten hat und in denen er Fragen seiner Zuhörer beantwortet. Die Londoner Sunday Times zählte Osho zu den „1000 Gestaltern des 20. Jahrhunderts", und der indische Sunday Mid-Day reihte ihn unter die zehn Menschen, die das Schicksal Indiens in neue Bahnen gelenkt haben – zusammen mit Gandhi, Nehru und Buddha.

Osho hat über sich und sein Wirken gesagt, dass er mithelfe, die Voraussetzungen für die Geburt eines neuen Menschen zu schaffen. Er hat ihn oft als „Zorba the Buddha" charakterisiert – ein Mensch, der die irdischen Freuden eines Alexis Sorbas ebenso wie die heitere Stille eines Gautama Buddha genießen kann. Durch alle Aspekte von Oshos Werk zieht sich wie ein roter Faden eine Vision, die die zeitlose Weisheit des Ostens und das höchste Potenzial westlicher Wissenschaft und Technologie vereint.

Bekannt ist Osho auch für seinen revolutionären Beitrag zur Wissenschaft der inneren Transformation. Seine Sicht von Meditation bezieht das beschleunigte Tempo unseres modernen Lebens mit ein. Daher sind seine einzigartigen „Aktiven Meditationen" so gestaltet, dass zuerst der angesammelte Stress im Körper und im Geist freigesetzt wird, was es viel leichter macht, einen gedankenfreien und entspannten Zustand von Meditation zu erfahren.

Von Osho sind zwei autobiographische Werke in verschiedenen Übersetzungen erhältlich:

Autobiography of a Spiritually Incorrect Mystic (St. Martins Press, 2000; deutsche Ausgabe: Autobiografie eines Spirituellen Provokateurs, Econ Verlag 2001) sowie

Glimpses of a Golden Childhood (The Rebel Publishing House, 1985;
deutsch: Goldene Augenblicke, Osho Verlag).

Die Website des Autors - www.osho.com - bietet in mehreren Sprachen einen detaillierten Überblick über Oshos Werk und seine Meditationen.

Hindu Kush
Karakoram
Peshawar
Islamabad
Himalaya Mountains
Lahore
Amritsar
Delhi
Jaipur
Agra
Lucknow
Kanpur
Allahabad
Varanasi
Patna
Ahmedabad
Jabalpur
Kolkata
Nagpur
Mumbai
Pune
Hyderabad
BAY OF BENGAL
INDIAN OCEAN
Andaman Islands
Chennai
Bangalore
Lakshdweep
Islands
Maldives

ILLUSTRATIONEN

ILLUSTRATIONEN

QUELLENNACHWEIS

Sämtliche mit Fußnoten bezeichneten Textstellen dieses Buches sind den veröffentlichten Vorträgen Oshos, eines erleuchteten Mystikers des 20. Jahrhunderts, entnommen.

Einführung: The Osho Upanishad, Kapitel 21

1 Phir Patton Ki Panjeb Baji, Kapitel 1

2 Sat-Chit-Anand, Kapitel 12

3 Behind a Thousand Names, Kapitel 1

4 Vedanta: Seven Steps to Samadhi, Kapitel 4

5 The Secret, Kapitel 12

6 The Razor's Edge, Kapitel 11

7 Hari Om Tat Sat, Kapitel 16

8 Konpalen Phir Phoot Ayin, Kapitel 12

9 Books I Have Loved, Kapitel 6

10 Death is Divine, Kapitel 1

11 The Great Challenge, Kapitel 7

12 The Great Challenge, Kapitel 7

13 The Tantra Experience, Kapitel 1

14 The Dhammapada: The Way of the Buddha, Band 8, Kapitel 5

15 Om Mani Padme Hum, Kapitel 4

16 From Death to Deathlessness, Kapitel 17

17 Yaahoo! The Mystic Rose, Kapitel 25

18 The Path of the Mystic, Kapitel 23

19 Behind a Thousand Names, Kapitel 15

20 Behind a Thousand Names, Kapitel 15

21 Don't Let Yourself Be Upset by the Sutra, Rather Upset the Sutra Yourself, Kapitel 5

22 Mahavir Vani, Vol. 2, Kapitel 20

23 Sat-Chit-Anand, Kapitel 10

24 Beyond Enlightenment, Kapitel 7

25 Sufis: The People of the Path, Band 1, Kapitel 15

26 Bodhidharma, Kapitel 11

27 From Darkness to Light, Kapitel 30

28 The Way Beyond Any Way, Kapitel 9

29 The Rebellious Spirit, Kapitel 15

30 Beyond Psychology, Kapitel 2

31 From Darkness to Light, Kapitel 10

32 The Path of Yoga, Kapitel 1

33 The Dhammapada: The Way of the Buddha, Band 5, Kapitel 10

34 Om Mani Padme Hum , Kapitel 4

35 Krishna: The Man and His Philosophy, Kapitel 13

36 What Is, Is, What Ain't, Ain't, Kapitel 5

37 Krishna: The Man and His Philosophy, Kapitel 1

38 Nothing To Lose But Your Head, Kapitel 2

39 The Path of the Mystic, Kapitel 28

40 Come Follow To You, Band 4, Kapitel 9

41 Come Follow To You, Band 4, Kapitel 9

42 The Secret, Kapitel 12

43 The Divine Melody, Kapitel 5

44 Bodhidharma: The Greatest Zen Master, Kapitel 12

45 The Golden Future, Kapitel 5

46 The Osho Upanishad, Kapitel 37

47 The Transmission of the Lamp, Kapitel 11

48 Philosophia Perennis, Band 1, Kapitel 9

QUELLENNACHWEIS

49 The Beloved, Band 1, Kapitel 1
50 The Razor's Edge, Kapitel 16
51 Sambhog Se Samadhi Ki Aur, Kapitel 13
52 The Osho Upanishad, Kapitel 37
53 Sambhog Se Samadhi Ki Aur, Kapitel 13
54 Behind a Thousand Names, Kapitel 12
55 From the False to the Truth, Kapitel 8
56 The Hidden Splendor, Kapitel 13
57 Tao: The Three Treasures, Band 2, Kapitel 3
58 The Wisdom of the Sands, Band 2, Kapitel 5
59 Om Mani Padme Hum, Kapitel 22
60 Om Mani Padme Hum, Kapitel 22
61 From Bondage to Freedom, Kapitel 39
62 Light on the Path, Kapitel 38
63 A Sudden Clash of Thunder, Kapitel 6
64 From Personality to Individuality, Kapitel 26
65 The Golden Future, Kapitel 23
66 From Bondage to Freedom, Kapitel 17
67 Hidden Mysteries, Kapitel 1
68 The Razor's Edge, Kapitel 10
69 From Darkness to Light, Kapitel 27
70 From Unconsciousness to Consciousness, Kapitel 19
71 The Sword and the Lotus, Kapitel 20
72 Glimpses of a Golden Childhood, Kapitel 4
73 The Great Pilgrimage: From Here to Here, Kapitel 6
74 Sermons in Stones, Kapitel 5
75 Walk Without Feet, Fly Without Wings and Think Without Mind, Kapitel 10
76 Hidden Mysteries, Kapitel 2
77 Come Follow to You, Band 4, Kapitel 10
78 Om Mani Padme Hum, Kapitel 17
79 Ecstasy: The Forgotten Language, Kapitel 1
80 Believing the Impossible Before Breakfast, Kapitel 28
81 Books I Have Loved, Kapitel 6
82 The New Dawn, Kapitel 17
83 Vedanta: Seven Steps to Samadhi, Kapitel 5
84 Behind a Thousand Names, Kapitel 9
85 The Invitation, Kapitel 26
86 Om Mani Padme Hum, Kapitel 21
87 Jharat Dasahun Dis Moti, Kapitel 1
88 Om Mani Padme Hum, Kapitel 16
89 Asato Ma Sadgamay, Kapitel 16
90 Hansa To Moti Chugain, Kapitel 1
91 Beyond Enlightenment, Kapitel 6
92 The Mahageeta, Band 1, Kapitel 1
93 The Book of Wisdom, Kapitel 1
94 The Book of Wisdom, Kapitel 1
95 Glimpses of a Golden Childhood, Kapitel 1
96 The Rebellious Spirit, Kapitel 15
97 Glimpses of a Golden Childhood, Kapitel 1
98 Hyakujo: The Everest of Zen, Kapitel 9
99 Phir Patton Ki Panjeb Baji, Kapitel 1
100 Nowhere To Go But In, Kapitel 16
101 The Secret of Secrets, Band 2, Kapitel 5

Das transzendentale Zen-Spiel

Die Gestalterin der Karten Ma Deva Padma war Schülerin von Osho und hat in ihrem Buch die Weisheiten des Zen mit ausgewählten Texten von Osho verbunden. Sie arbeitete fünf Jahre lang an der Gestaltung dieses ausdrucksstarken Tarots.

Ma Deva Padma
(Susan Morgan)
Set "Osho Zen Tarot"
(Buch und Karten)
ISBN 3-908646-49-9
DM 47,80/sFr 44,-/öS 349,-

Osho Zen Tarot
Paperback, 176 Seiten
ISBN 3-908644-38-0
DM 22,80/sFr 21,80/öS 166,-
7. Auflage 2001

www.uraniaverlag.ch